D'une descente aux enfers

Au premier palier d'une nouvelle vie.

Ou comment

J'ai pris

Le contrôle de ma vie.

Grâce au développement personnel

À toi Vincent,

Merci pour ce chemin parcouru.

Merci pour celui qui reste à parcourir.

Main dans la main.

Cœur contre cœur.

Je t'aime.

À vous, Victor et Romain ,mes enfants.

Camille, Âya et Ilias, mes beaux enfants.

Merci pour vos sourires, vos rires.

Merci de me montrer certains chemins

Que je n'aurais pas osé explorer.

Merci à mes parents.

Que j'aime plus que tout

Merci pour leur immense amour.

Merci à toi Marie,

Une belle maman extraordinaire.

Ta force et ta détermination

Ont été de beaux exemples.

D'une descente aux enfers au premier palier d'une nouvelle vie. Nocera Rita

Dépôt Légal Bibliothèque Nationale de Belgique

D/2016/Rita Nocera, éditeur

Auto édition : Nocera Rita

ISBN-13 : 978-1542382281

ISBN-10 : 1542382289

D'une descente aux enfers au premier palier d'une nouvelle vie. Nocera Rita

Tables des matières

L'élément déclencheur.

- Le film « le secret de Rhonda Byrne.
- Vivre autre chose, mais quoi ?

Les pensées.
- La notion des pensées.
- Le rôle des pensées dans ma vie.
- Je dirige mes pensées.
- Je change le regard sur ce qui m'entoure.

Des portes s'ouvraient d'autres se fermaient.

- Des portes s'ouvraient.
- Des portes se fermaient.

- J'étais déterminée à trouver ma voie

Je suis épaulée, soutenue, guidée.

- Pourquoi j'ai envie d'être aidée ?
- J'ai envie d'être aidée par une personne qui réponde à mes attentes.

- Libérez votre potentiel en 21 jours de David Laroche.

L'aide du pouvoir de l'attraction.

- Le pouvoir de l'attraction régit par la loi de l'attraction.
- Comment je me représente ce pouvoir ?
- Quelles en sont les notions ?
- Quelles sont les notions que j'ai retenues et comment je les utilise ?

Quels sont mes objectifs ?

- Mes objectifs de vie.
- Mes objectifs professionnels.

Je choisis ma formation

- Une formation en PNL
    - o Que représente la PNL pour moi ?
- Une école, des formateurs, des coachs.

Comme un puzzle.

- Chaque partie prend sa place.
- Il me manque une pièce.
- Je fais du « sur place »

J'écoute mes intuitions.

- Je passe à l'action.
- Je construis mon expertise (ma niche).
  - o Quels sont les outils que j'utilise ?
- Je passe un message.

Prologue.

J'ai écrit ce livre autobiographique car je voulais partager mon expérience. Je ressentais le besoin de faire passer un message, le message que nous pouvons tous et toutes améliorer notre quotidien ou passer un cap difficile que l'on croit insurmontable. L'élément déclencheur a été, une prise de décision, celle qui venait du cœur : la décision que je voulais aller mieux. Je me refusais de rester dans l'incertitude, dans les regrets, les colères, les incompréhensions. Le non- respect ne venait pas des autres, mais de moi-même, vis-à-vis de moi-même. Je n'écoutais pas cette force qui était en moi et qui ne demandait qu'à m'aider. Le chemin me semblait long, je ne savais pas par quoi commencer. Mais cette force m'a aidée, guidée. J'ai accepté de devenir

Une autre moi. Cela n'est pas facile ou même inacceptable pour certaines personnes très proches, mais mon message est pour moi puissant : Je suis heureuse d'être qui je suis, j'ai trouvé ma voie qu'elle soit professionnelle, humaine ou spirituelle.

Avant-propos.

Nous sommes en mars 2016, cette idée d'écrire un livre autobiographique est née depuis plus de 2 ans.

Depuis lors, chaque étape est minutieusement notée ou sur un journal ou imprimée dans un coin de ma mémoire ; une trame s'est écrite naturellement, au fil des jours.

Où j'en suis aujourd'hui ?

Ma vie, ou plutôt moi, j'ai connu un changement à plus de 360°. Comme un déménagement total dans un nouveau pays où je me suis adaptée petit à petit, où j'ai pris mes marques. Je suis toujours attentive à la moindre petite amélioration qui me convient, que j'adopte et qui est peut-être bénéfique pour chaque personne qui m'entoure.

Je sais que ce passage peut être ou sembler

Invraisemblable pour certaines personnes et je peux l'entendre, je me sens guidée, naturellement ou spirituellement.

Je suis vraie avec moi-même et je me pose des questions, je les écris, je laisse venir à moi une réponse, je suis attentive aux signes : un mot, une idée, un rendez-vous, une rencontre, une opportunité.

Je vais à la rencontre de ce qui me fait vibrer, plutôt que simplement vivre ma vie.

Ma rencontre avec les outils du développement personnel.

Leurs notions, comment je les ai utilisés ? Je vous les raconte dans

Des « espaces de vie » bien définis que j'ai créé, en fonction de mon propre épanouissement.

Mon histoire,

S'est organisée petit à petit.

D'étapes en étapes en étant à l'écoute de moi-même, de mes émotions, de mes découvertes je me suis construit une nouvelle place.

L'idée d'espace parce qu'il n'y a pas de notion de temps, pas de limites, c'est une porte ouverte à tous, à toutes nouvelles découvertes, tout nouvel apprentissage est le bienvenu.

1er

Espace

Comment continuer avec cette nouvelle ?

CHAPITRE 1

La descente aux enfers.

- Mon licenciement.
- Mon métier d'infirmière.
- Comment j'ai vécu mon licenciement ?

Mon licenciement.

Nous sommes le 26 décembre 2012.

Je suis au travail, la journée se déroule comme d'habitude, je suis toujours heureuse d'être auprès des résidents, mon poste de responsable de service me donne l'opportunité d'aller auprès de chacun d'eux dès mon arrivée, je les écoute avec attention et tellement d'intérêt. Ils m'ont tellement appris.

Le lendemain de Noël, il y a tellement d'histoires à raconter. Les visites des familles, les retrouvailles, les cadeaux, les surprises.

C'est mon moment de bonheur, ce sont de vrais moments de partages. Mais comme d'habitude (et je le regrette). Le relationnel entre le personnel, ne répond pas à mes attentes, les ragots, les critiques, les manquements de l'un et de l'autre. Tout est étalé comme un jour de marché.

Et cela fait plusieurs mois que cela dure. J'ai une confiance inébranlable en la compétence et le bon sens de chacun. Mais quelle erreur d'y croire.

Depuis le début de mon engagement, je suis soutenue par ma direction, mais en fonction de leurs attentes sur le plan relationnel.

Et depuis quelques semaines,

Je sens que cela crée une tension qui me pèse.

Les colères, les chuchotements, les préjugés, les affirmations négatives de l'un et de l'autre ne me conviennent plus.

Je me déstabilise, je le vis mal. Ce que je perçois comme des incohérences relationnelles me sont reprochées. J'ai plus envie d'être à l'écoute que d'ordonner sans connaître ou sans savoir pourquoi.

L'image ou le comportement que l'on souhaite me faire passer et qu'une responsable d'équipe, doit ordonner, exiger, à la limite punir, si la personne ne se plie pas aux exigences.

Je ne peux concevoir de traiter l'être humain, nos pairs comme bon nous semble, en criant, en exigeant, en le dévalorisant. J'ai la conviction que le respect dans la communication, l'écoute, la compréhension peut amener à de meilleurs résultats.

Mais dans certaines situations, le pouvoir est donné aux personnes qui osent, qui passent à travers tout sans tenir compte de la sensibilité de chacun, (cette sensibilité souvent lié à notre vécu, nos expériences depuis notre naissance). Et ce pouvoir est donné par le pouvoir. Et rien ne change.

Je réagis à chaque fois que je m'entends dire :

« Tu es trop gentille ».

Je ne veux plus rester dans ce moule que je me suis construit et qui ne me correspond pas, je me déstabilise. La raison pour laquelle j'ai choisi ce métier n'a plus de sens pour moi. Je sais que mes capacités, mes compétences d'infirmières ne sont plus à prouver. Mais je dois prouver des compétences d'autorité.

Les épreuves se succèdent, des faits qui pour moi n'ont plus de sens.

Les réunions et les entretiens se multiplient, je n'ai plus envie de comprendre ce qui m'arrive ; je cherche la faute : je me sens différente, je suis différente.

Je ne me sens pas coupable, mais sans doute responsable de ce qui m'est arrivé.

À 15 heures, le téléphone sonne, ma directrice m'ordonne : « passez par le vestiaire vous habiller, puis je vous attends dans mon bureau »

Le message était clair pour moi,

Je recevais mon C4. Je fis le tour du service.

Je cherchais...Qui, quoi ?????

Une écoute, un renseignement une quelconque information.

Certains membres de l'équipe, essayaient de me rassurer.

Mais,

Il fallait que j'obéisse, comme depuis 4 ans, tel était mon ressenti. Machinalement, j'ai exécuté. Je suis entrée dans le bureau.

Et là, je m'entends dire : « nous souhaitons mettre fin à notre relation de travail » (j'aurais aimé m'entendre dire : « je », je me sentais soutenue par le directeur administratif, mais je ne sais pas s'il avait le pouvoir de décision). « Vous n'avez pas les qualités requises pour mener à bien votre mission ».

Ma seule réponse a été : « de toute façon, votre décision est prise ».

Suite aux dernières informations de préavis, de remplacement.

Je me suis levée, et j'ai quitté l'établissement en étant sure, de ne jamais y remettre les pieds.

J'étais dans ma zone de confort.

Je travaillais comme infirmière cadre.

J'exerçais un métier que j'aimais, que j'avais choisi.

Et qui me passionnait.

Le salaire couvrait mes besoins.

Les horaires me permettaient de préserver un équilibre familial et professionnel.

Mais

Mes valeurs de communications au sein de mon travail :

La valeur d'écoute, de partage, mon besoin de reconnaissance n'étaient pas respectées. Je me disais « je n'ai pas le choix ».

Je rentrais dans le moule qui m'était imposé.

J'ai suivi un mouvement qui ne me correspondait pas.

Et là, je me déséquilibrais, je perdais mes repères.

Je me taisais, je réagissais.........

Pas comme mon vrai MOI.

Mon métier d'infirmière.

Mon travail d'infirmière a toujours été une passion. Je dirai même une vocation. J'ai commencé à travailler dans les hôpitaux, dès l'âge de 14 ans, dans le service de pédiatrie (je lavais plus de 80 biberons par jour, et cela me rendait tellement heureuse). À midi, je pouvais accompagner Annie auprès des enfants pour la distribution des repas (se souvenir m'amène une belle émotion) je terminais mes études d'infirmières en 1983.

J'ai travaillé dans différents services, par choix, mon goût prononcé de renouveau, de découvertes et surtout d'apprentissage, m'ont permis de découvrir que dans ce magnifique métier, j'étais plus attirée par le relationnel que le côté technique du métier. Ce qui me donna l'envie de suivre des études de cadre de santé. Je débutais mes cours en 2000.

Et d'années en années, travailler était un plaisir, je n'ai pas le souvenir d'un seul jour où je me suis levée en me disant : oh non ! sauf les derniers mois avant mon licenciement.

Mon travail a été mon fil de conduite, ma bouée de sauvetage.

Je me suis accrochée à lui, lorsque mon premier fils est né avec une tumeur.

Il m'a guidée, soutenue lorsqu'une maladie psychiatrique a été diagnostiquée chez un membre très proche de notre noyau familial.

Comment j'ai vécu mon licenciement ?

La première semaine a été facile, nous avions pris congé en famille. Puis ce fût le retour à la réalité, chacun retourna vers ses occupations. En quelques semaines, j'avais perdu confiance en moi.

J'étais Incompétente.

Voilà le message que je retenais et qui résonnais sans cesse en moi. Il y avait un déséquilibre total entre les messages, les évaluations de compétences positives reçues depuis plus de 29 ans de carrière.

J'ai connu, insomnie, cauchemars, crise de paniques, crises de larmes, vomissements.

J'ai perdu plus de 14kg en 3 mois.

Des problèmes physiques déjà présents se sont accentuer.

Trois vertèbres étaient en souffrance et le canal rachidien rétréci, ce qui expliquait des fourmillements, les variations de sensibilités au niveau des jambes.

Les visites régulières chez l'orthopédiste, le kiné.

L'idée d'une intervention, le message que je pouvais me retrouver en chaise roulante si je continuais d'effectuer des travaux lourds.

Des douleurs physiques venaient s'ajouter aux douleurs morales.

J'étais mal, mais surtout, je me sentais mal physiquement et mentalement.

Je gardais le sourire, ma bonne humeur pour mon compagnon et nos quatre enfants,

Mais

Tout me semblait inaccessible,

Tout me semblait inacceptable.

En quelques semaines, j'avais perdu ma reconnaissance humaine, professionnelle et financière.

J'étais de plus en plus fatiguée, les médicaments pour mes douleurs lombaires m'abrutissaient, je me levais plusieurs fois par semaines vers deux heures du matin, je descendais dans le salon.

Je voulais

DORMIR - DORMIR - DORMIR

Je n'arrêtais pas de me répéter : « je veux aller mieux pour l'homme que j'aime, pour nos enfants, je veux vivre, je veux rire ».

Les larmes coulaient,

Quelle contradiction entre ce que je voulais et ce que je vivais.

CHAPITRE 2

Le double pouvoir du silence.

- Le silence qui tue à petits feux.

- Le silence qui apaise.

Le silence qui tue à petits feux.

Mes nuits étaient courtes, désordonnées.

À plusieurs reprises, je m'asseyais dans le lit, je regardais autour de moi. Mon réveil indiquait

01h..., 02h...

Et bien que je savais qu'il faisait nuit, je cherchais désespérément une petite clarté, j'écoutais le moindre bruit, l'appel d'un enfant.

RIEN

Le seul retour était une nuit froide et noire.

Il n'y avait que la respiration calme et sereine de Vincent. Je me sentais affreusement seule, paniquée et cette petite voix intérieure qui me répétait sans cesse les derniers mots de la direction, les derniers mots reportés par une collègue
(qui pour moi étaient emprunts de non vérité,

puisqu'ils ne faisaient pas partie de mon état d'être, ni mon état de pensée.

Je les traduisais comme des mensonges et je ne comprenais pas pourquoi.

Les larmes coulaient et je me répétais : « c'est de ma faute, j'aurais dû réagir plus tôt.

Je me sentais impuissante face à cette peine, cette colère, cette incompréhension.

Comme tant d'autre nuits, je décidais de descendre dans le salon. Je faisais le tour de la maison, la seule présence, ma seule compagnie était le silence.

Un silence lourd, pesant sur ma poitrine. J'avais des palpitations qui m'angoissaient, ma respiration s'accélérait. Les muscles de mon corps se raidissaient.

Je m'asseyais dans le fauteuil espérant trouver une sérénité. Mais les douleurs lancinantes dans le dos, les fourmillements dans les jambes, l'image de moi assise dans un fauteuil roulant. Les simples larmes laissaient place à des sanglots.

Mon corps physique et mon mental ne ressemblaient plus à cette Rita souriante et pétillante.

J'étais heureuse vers 4h45, d'entendre les pas de Vincent sur l'escalier en bois.

Dès que la porte s'ouvrait, son visage, son sourire me réconfortaient. Il venait vers moi, s'asseyait à mes côtés, me prenait dans ses bras. Les traits de mon visage ne peuvent lui cacher la nuit très difficile que j'avais vécu.

Il nous préparait un petit déjeuner, quel bonheur ce partage ou plutôt quel bonheur cet amour.

Puis, les heures passaient très vite ; son départ vers le travail, le réveil des enfants, leur petit déjeuner, les conduire à l'école.

Et puis après ces quelques minutes de bonheur (qui passaient très vite) auprès des amours de ma vie, arrivait les longues heures de solitudes.

À plusieurs reprises dans la journée, j'essayais de trouver le sommeil, mais dès que mes paupières se fermaient : la panique, l'angoisse, l'incertitude, la peur....

J'étais fatiguée – fatiguée – fatiguée – fatiguée – fatiguée – fatiguée – fatiguée – fatiguée – fatiguée – fatiguée.

Le silence qui apaise de la relaxation à la méditation.

La musique permettait de m'évader, j'écoutais des chansons italiennes et françaises. Et il m'arrivait parfois de m'assoupir, parfois même de m'endormir.

Je ne voulais plus écouter la radio : les publicités m'énervaient, les nouvelles (souvent mauvaises) me replongeaient dans des états de tristesses.

Je choisis de sélectionner la musique que je voulais écouter. Mes premières recherches étaient : « musique douce italienne ».

À plusieurs reprises, mon regard fût attiré par le mot : relaxation. Après quelques jours, je lance une recherche : relaxation.

Ola quelle liste !

Ne sachant que choisir, je décide de faire une sélection par l'image qui attire mon regard : un fond noir et au centre une bougie, la flamme oscille de droite à gauche, de haut en bas.

J'ai l'impression de sentir sa chaleur sur ma peau.

Je ferme les yeux un instant. J'ai très envie de humer l'odeur de cire. Je me suis installée, j'ai lancé la vidéo. Je l'ai d'abord écoutée les yeux ouverts, la musique me plaisait, quelques notes de piano sur un fond calme et reposant pour moi.

Pendant une heure, le temps de la relaxation, je me sentais apaisée. À plusieurs reprises dans la journée, je ressentais le besoin de revivre ce calme, cette paix intérieure. Je la remis deux fois par jour, parfois trois.

Quelques jours plus tard, je décidais de l'écouter avant de m'endormir.

Après plusieurs tentatives, mon sommeil devenait agréable. Je dormais plus de trois à quatre heures par nuit sans me réveiller.

MAIS,

Le mal de dos, mon inactivité professionnelle et mes angoisses étaient souvent la cause d'un réveil très matinal et parfois brutal.

Je voulais aller mieux, laisser mon passé derrière moi. Ce passé proche, ces derniers mois où j'avais perdu le sens de mon existence.

Je faisais alors d'autre recherches.

De vidéo en vidéo, j'écoutais et je pratiquais de plus en plus de relaxations et parfois des méditations guidées avec des thèmes bien précis : méditation pour le sommeil, méditation du soir pour bien dormir.

Au fil des jours, des semaines et des mois, je dormais plus de six heures, je me réveillais plus détendue, parfois souriante.

Certains doutes et certaines pensées dévalorisantes me hantaient parfois la journée.

Mais j'étais décidée à aller mieux.

J'étais mal, stressée, angoissée.

J'étais décidée,

Je voulais aller mieux,

J'ai découvert la relaxation, la méditation.

L'état de bien être ressenti, même pour de courtes
périodes et entrecoupées, m'a donné une lueur
d'espoir.

Même si un jour, je vivais des moments très difficiles.

Je recommençais le lendemain

J'ai été persévérante.

J'ai découvert que j'avais la possibilité d'aller mieux

Parce que je l'avais décidé.

Je voulais en savoir plus.

2ème

Espace

Tout est nouveau
Pour moi !

CHAPITRE 3

L'élément déclencheur.

- Le film « le secret » de Rhonda Byrne.

- Vivre autre chose, oui mais quoi ?

Le film « le secret » de Rhonda Byrne.

Le soir venu, je partageais toutes ces découvertes, toutes ces nouvelles expériences avec Vincent.

Nous nous sommes découverts ce même point commun, une envie de bien être par des méthodes tellement naturelles et simple (pour nous).

Pas de thérapies longues, moins de médicaments.

Il m'arrivait encore souvent de douter de moi.

Un soir, j'étais angoissée, en larmes, j'étais persuadée que plus rien de bon ne pouvait m'arriver professionnellement. Une notion de lassitude, de recul, de perte, une notion de vide. Je devenais une automate qui exécutais les tâches presque obligatoires d'une maman, d'une femme au foyer. La présence de Vincent, son écoute était précieuse, je me déchargeais émotionnellement.

Il m'a proposé de regarder le film « le secret » de Rhonda Byrne.

Dès le début, j'ai été littéralement engloutie par l'histoire. Je me repasse le film en bouche, il me donne la force de croire. Que je peux choisir, choisir ce que je veux vivre, et surtout que je peux Être

Mais ÊTRE QUOI ?

ÊTRE QUI ?

La journée ; je m'installe, je place ma tablette en face de moi, je prends un stylo, un cahier et je note ce qui me parle, ce qui me touche, comme des effets déclencheurs dans le cœur, des petits feux d'artifice dans la tête.

Le moment que je préfère, est le passage ou Jack Canfield (1) raconte sa rencontre avec Clement Stone (2). Ce dernier lui propose de se fixer un objectif, d'y penser tous les jours et de visualiser le résultat.

Et puis, des événements l'amène à rencontrer une personne (j'ai appris aujourd'hui que cela s'appelle la synchronicité) qui lui propose de vendre ses articles, puis ses livres.

Ce passage éveille en moi une émotion forte, un frisson me parcours le corps. J'ai une boule au ventre. Mes yeux pétillent, j'ai envie de crier comme un besoin de me libérer de cette idée que tout était fini pour moi. Je crois que j'ai même crié :

YEEES

Je me surprends à rêver, certains moments de la journée, je m'arrête, je ferme les yeux et je me laisse emporter dans un monde imaginaire, mais qui pourrait très bien être le mien, un monde que je me construis, un monde où je me sens bien. Je laisse mon esprit vagabonder, créer un mode de vie que je choisis. Les couleurs grises et noires laissent place à ce rêve de couleurs, à de nouvelles perspectives, à une nouvelle route que j'ai envie d'emprunter.

En regardant à nouveau le film, je prends note de toutes ces petites phrases qui apparaissent tout le long du film.

Voici quelques phrases dites par des personnages qui sont célèbres à mes yeux.

Albert Einstein,

« L'imagination est tout. C'est l'aperçu des futures attractions de la vie »

Bouddha,

« Tout ce que nous sommes est le résultat de ce que nous avons pensé »

Martin Luther King,

« Gravissez la première marche de la foi, inutile de voir tout l'escalier, gravissez seulement la première marche. »

Et tant d'autres.

Toutes ces personnes ont marqué notre civilisation par leurs découvertes, leur pouvoir, leurs ingéniosités, leur vécu. Ces phrases, je les lis, je leur donne un sens ou plutôt, elles donnent un sens à ma vie.

Avec du recul, après plus de deux ans, que j'avance dans ce mouvement de développement personnel, le film n'est pas pour moi la clé la plus importante de ma nouvelle vie, ou de mon état de bienêtre. Mais il a été l'élément déclencheur, qui m'a donné l'envie d'en savoir plus et qui m'a permis de me dire :

Oui je peux vivre autre chose,

Mais, et

Cela dépend de moi.

Vivre autre chose !

Oui mais quoi ?

Je consacre mes journées à lire des livres, des articles, des histoires vécues. J'écoute des audio, des vidéos. Chaque livre me laisse un message, une envie de découvrir, une envie d'apprendre. Je m'accorde du temps dans la journée, je prends des notes, je fais certains exercices.

Une première auteure retient mon attention, Louise Hay. Le titre de son livre repasse en boucle devant mes yeux : « transformez votre vie », je le traduis volontairement : « je veux transformer ma vie » avant même de l'avoir lu.

- Je transforme ma vie.
- Je suis épanouie dans ma vie de tous les jours.
- Je suis épanouie dans ma vie professionnelle.

Je voulais changer, trouver une issue. J'avais décidé de ne plus considérer ce licenciement comme un frein, comme une fin. Je voulais qu'il soit la première marche vers un changement.

Mais comment définir ce changement, quelle direction donner à ma vie professionnelle ?

Je me répétais que je ne voulais plus exercer mon métier d'infirmière et rien que cette vérité était déjà difficile à imaginer.

Comment accepter cette vérité, je croyais qu'après avoir étudié pour une profession, lorsqu'on avait un diplôme, après avoir exercé le même métier pendant plus de 30 ans, il fallait arriver jusqu'à l'âge de la retraite. Je croyais que c'était ça la vie. Que je n'avais pas le choix. Et mon corps intérieur, mon cœur, mon ressenti, mon envie disait le contraire.

Vivre autre chose, mais quoi ?

Je suis restée des heures à essayer de répondre à cette question. J'avais presque toujours des idées pour les autres, j'aimais les conseiller, les guider, les soutenir dans des nouvelles démarches. Mais dès qu'il s'agissait de moi : le trou noir, comme un vide immense. J'avais programmé ma vie pour me consacrer aux autres, à leur rendre la vie facile, agréable.

Et j'aimais ça.

Mais là, il était presque urgent pour moi de trouver une solution, urgent parce que je refusais de me voir dans cet état de léthargie, plus rien n'avait de sens. Les moindres gestes étaient dictés par une habitude de vie. Il me manquait un élément important : prendre du plaisir à faire des activités comme cuisiner, aller chercher les enfants à l'école, faire des courses, m'occuper de moi.

J'avais perdu le désir et l'envie de vivre quelque chose de nouveau, peut-être même une nouvelle expérience qui sortait de ma zone de possibilité.

J'associais cette idée à ma vie professionnelle et là, le néant total. Je ne voulais pas penser à mon métier d'infirmière, j'avais une déception, je ressentais une cassure. Ce métier qui était pour moi représentatif de partage, d'écoute, de soutien, d'apaisement presque d'amour pour l'autre. Se traduisait par des cris, des mensonges, des colères, des jugements, des critiques.

Où était passée mes valeurs ? Quelles étaient mes valeurs dans ce métier qui m'avait passionné pendant tellement d'années ? Mes questions restaient sans réponses. Je refusais de m'y attarder, je ne voulais pas y répondre. Car je savais que je serais négative ou plutôt déçue. Et je n'avais pas besoin de me replonger dans ces états d'angoisse et de doute de moi-même. Une vérité s'affirmait dans cette recherche professionnelle : je ne voulais plus être infirmière.

Et je vais faire quoi ?

J'avais découvert que d'écrire toutes mes idées, de bien scinder le pour et le contre m'aider à clarifier.

Je vous partage le tableau que j'avais fait en juin 2013 (6 mois après mon licenciement)

Infirmière

Pour	Contre
Salaire fixe	Pas de valorisation
Sécurité d'emploi	Pas de reconnaissance
	Pas d'autonomie
	Perte de communication, d'écoute, de partage.

La raison, la logique, mes croyances me disaient de me focaliser sur la partie gauche du tableau.

Mon bien être, mon moi intérieur posaient mes yeux sur le côté droit.

Y avais-je le droit ?

J'avais besoin de temps, tout se mélangeait, les ; je peux, je peux pas, je dois, je ne veux pas...

Le temps, mon corps physique me le donnait. Certains jours, je ne pouvais plus marcher, je restais figée sur le fauteuil du matin au soir.

Le moindre pas était un effort douloureux, que je n'avais pas d'autre choix que d'accepter.

Je ne trouvais pas de réponse à la question : je fais quoi ? Il ne s'agissait pas de trouver une banale activité, une idée d'escapade. Il s'agissait de trouver un travail où j'allais passer plus de ¾ de mon temps, en fonction de mes compétences, de mes disponibilités de temps, de mes possibilités physiques.

3ème

Espace

J'utilise des nouvelles notions.

CHAPITRE 4

Les pensées.

- La notion des pensées.

- Le rôle des pensées dans ma vie.

- Je dirige mes pensées.

- Je change mon regard sur ce qui m'entoure.

La notion des pensées.

Je commençais l'écoute de l'audio de Louise Hay

« Transformez votre vie »

J'étais surprise, en écoutant cet audio, les notions de pensées qui pourtant m'étaient connues, avaient un autre sens que les définitions que je leurs donnaient. Ma définition était statique, alors que là, je découvrais que les pensées nous pouvons les diriger, leurs donner un sens et surtout qu'elles pouvaient être ce que j'appelais un gouvernail de notre bien-être de vie. Je voulais encore en savoir plus, mais surtout essayer.

Le rôle des pensées dans ma vie.

Déjà, me dire que les pensées ont un rôle est tellement difficile à écrire. Pour moi, les pensées faisaient partie intégrante de moi-même. J'étais persuadée que tout le monde pensait de la même façon.

Que lorsqu'un événement arrivait, bon ou mauvais, il était normal d'y penser et d'y repenser encore et encore.

J'avais de plus cette mauvais et fâcheuse habitude de m'inventer une situation encore pire de ce qui venait de m'arriver.

Je donnais une suite catastrophique à cette aventure ou mésaventure. En me relisant, je me dis que j'ai plus d'une fois éclaté une bombe en moi, une avalanche de mauvaises vibrations, heureusement, je ne me souviens plus de mon état. Mon seul souvenir est que tout ce procédé était du plus normal.

J'ai réellement fait une découverte en regardant le film le secret et en écoutant les audio de Louise Hay.

Non seulement, mes pensées avaient un rôle, mais de plus. Je pouvais les guider, les orienter, les discipliner, (pas dans le sens de discipline stricte ou d'une injonction : tu dois, il faut...) je pouvais leur indiquer la porte de sortie, je pouvais les transformer et petit à petit les remplacer.

Je me suis vite persuadée que c'était une vérité, je ne sais pas pourquoi ? je n'avais pas à me prouver quoique ce soit, j'étais sure.

J'étais dans une nouvelle ère de ma vie, je commençais une nouvelle façon de vivre avec de nouveaux apprentissages qui me permettraient de prendre soin de moi.

Mon énergie intérieure changeait. Il m'arrivait de me sentir égoïste, ce temps que je me consacrais, je l'enlevais à mes proches. Et une petite voix intérieure me disait : « si tu vas mieux, ils seront encore mieux ».

Je lisais des articles, j'écoutais des livres audio. Je continuais à découvrir, j'étais émerveillée de toutes ces personnes qui avaient cette connaissance, ces apprentissages. Je me sentais petite, j'avais cette sensation d'avoir des œillères hyper fermées.

Mes apprentissages se limitaient à mes connaissances d'infirmière, des connaissances de cuisinière (une passion), de maman appris sur le tas et de femme au service de l'autre. Mon carnet de note près de moi, se remplissaient très vite, un mot clé, un nom, le titre d'un livre, tout ce qui m'inspiraient je le notais.

Voici une phrase que j'ai recopiée, je l'ai lue, je l'ai mémorisée.

« Les suggestions et les déclarations des autres n'ont aucun pouvoir de vous nuire. La seule puissance est le mouvement de votre propre pensée. Vous pouvez choisir de rejeter les pensées ou les déclarations des autres et affirmer le bien. Vous avez le pouvoir de choisir d'alimenter ou de rejeter une pensée »

Joseph Murphy

Je dirige mes pensées.

Plusieurs fois dans la journée, je m'arrêtais, je cherchais le calme car je voulais identifier ce flot de pensées. Je profitais d'un moment que je m'accordais chaque jour, le temps d'une relaxation. Je venais de prendre conscience de toutes ces petites voix qui arrivent par flot, comme une vague qui vient se coucher sur le sable et qui repart. En quelques secondes, je me rappelais du pain à acheter, de ma cousine que je n'avais pas vue depuis des mois et des tas d'autres informations...

Et je pris conscience de ce va et vient incessant. Je mis quelques jours à vraiment me persuader de cette vérité. Je me rappelais du film le secret où il est dit que les chercheurs scientifiques, ont prouvé que nous avons plus de

60 000 pensées par jour.

Je trouvais ce résultat énorme, c'est comme si nous avions un autre nous qui nous parle en continu.

Si l'orientation de nos pensées négatives ou positives a un impact sur nous-mêmes, sur notre mode de vie, sur nos choix, je veux savoir, je veux comprendre.

Je continue à chercher, j'étais assoiffée de réponse. L'orientation de nos pensées dépend de nos bons ou mauvais sentiments, de nos émotions, de notre état d'être. Donc, si je suis joyeuse, mes pensées seront positives, si je suis triste en colère, mes pensées seront négatives.

Mais comment arriver à éviter la tristesse, la colère, la déception. Ces trois derniers sentiments, faisaient pourtant bien partie de ma vie actuelle à plus de 75% de mon temps. Les autres 25% étaient d'agréables moments passés en famille.

J'ai fait une pause durant ces courts moments, je me suis arrêtée pour écouter mes pensées, je les ai identifiées, je crois même que je les ai dirigées.

Au début, je me suis parlé à moi-même, puisque j'avais cette impression que les pensées étaient tellement nombreuses. Je jouais à un agent de circulation. Je guidais mes pensées.

-Soit vers mon cœur, toutes celles qui me laissaient une palpitation agréable, comme une jeune amoureuse, qui venait de découvrir le grand amour, je ressentais cette notion de nouveau ou de renouveau, comme une envie de découverte, d'en savoir un peu plus sur cette inconnue...ces pensées-là étaient agréables. En général, c'étaient des pensées d'évasions, de vacances, de femme amoureuse, de maman heureuse. Elles avaient pour moi une notion d'accomplissement, de réalisation de moi-même.

Soit vers ma tête, vers mon mental, toutes ces pensées que je ne comprenais pas pourquoi elles arrivaient maintenant, j'avais ce besoin de peut-être les analyser. Je me posais la question que venaient elles faire dans ma vie maintenant.

Ces pensées étaient parfois agréables, parfois mal venues, parfois maladroites, parfois inutiles. J'étais dans une phase où je voulais comprendre, peut-être pour mieux me connaître, donc je laissais venir sans trop savoir ce que j'allais en faire !

Pourquoi, je pensais à une autre moi, qui réagissais différemment face aux situations antérieures qui m'avaient blessée. Pourquoi, je repensais à une personne que j'avais connu et à qui je voulais ressembler par certains traits de caractère que je ne retrouvais pas en moi ?

Soit vers l'extérieur de moi, toutes ces pensées qui m'anéantissaient, qui me culpabilisaient, d'autres situations douloureuses que j'avais vécu, situations pour lesquelles j'étais directement ou indirectement liée. Et soudain je pris conscience que je venais de faire un énorme pas en avant. Le fait de prendre conscience des pensées qui me blessaient, qui me pourrissaient « mon état de bien être ou de mieux être » je les mettais sur une voie de garage, hors de moi, loin de moi.

Je voulais trouver un moyen de ne plus m'y attarder. Et soudain m'est venu une idée, peut être que je l'avais déjà lue ou peut-être pas. Mais je suis passée à l'action, j'ai pris une feuille de papier, et dès qu'une pensée désagréable, une pensée qui me pourrissait même cinq minutes de cet état de paix intérieure. Je l'écrivais et je jetais le papier dans la poubelle ou je le brûlais.

Ce geste est devenu parfois quotidien, mais ce jeu m'a permis de faire un tri important pour moi,

Ça je garde, ça je jette.

Et je portais alors toute mon attention sur les autres pensées. J'ai gardé l'idée de les écrire, mais dans deux cahiers différents. Les pensées indécises ou plutôt interrogatives elles sont sur un simple cahier, je ne sais pas pourquoi elles arrivent, je ne veux pas les ignorer, je me dis qu'elles sont là pour une raison, peut être aucune, mais peut être elles sont une piste à suivre, une personne à rencontrer, un chemin à prendre...

Puis celles qui me sont agréables, j'ai choisis de les noter dans un carnet que j'ai choisi minutieusement, je voulais que ce soit un carnet qui me donne envie d'ouvrir et peut être de le relire. Le dessin sur la couverture est un feu d'artifice.

J'aime rester des heures à regarder un feu d'artifice ; les couleurs, les formes je les trouve magiques, le son est à chaque fois une étincelle, comme un crépitement de feu de bois et j'en frissonne de bonheur.

J'utilise encore chaque jour un carnet où je note mes réussites, mes joies, mes découvertes, parfois ce que je considère être un exploit, et ce carnet je l'appelle « mon cahier de réussite, parfois mon feu d'artifice »

Je vous propose d'essayer, choisissez votre carnet celui qui vous plaît. Vous pouvez l'appeler votre carnet de réussite ou votre carnet de pépites ou votre carnet bulles de champagne, le nom a seulement de l'importance pour vous, pour ce qu'il représente pour chacun de vous. Inscrivez vos réussites, vos prises de décisions si elles sont importantes pour vous. Une rencontre, un regard, un geste, un mot, un mot d'amour.

J'ai pris l'habitude de me relire. Je choisis un moment de calme, un moment où j'ai envie ou le besoin de me sentir mieux par rapport à cette période de tourmente.

Déjà en regardant la couverture du carnet, je ferme les yeux, je me rappelle les différents feux d'artifice où j'étais vraiment bien. Un feu d'artifice sur l'eau à Gallipoli en Italie, celui de Mini Europe à Bruxelles avec mes enfants, celui de notre premier réveillon de nouvel an avec Vincent. Je me laisse emporter et puis je relis une phrase, puis une autre et parfois je passe des minutes et des minutes. Je me laisse emporter.

Et soudain, je réalise que je me crée des nouvelles pensées.

Des pensées qui sont alignées avec mon état de bienêtre. J'en déduis que mon état de bien être crée des pensées positives et que mon état de mal être crée des pensées négatives.

Puis je reprends mes pensées que j'ai appelé en ballotage, je sais qu'elles ne sont pas venues par hasard. Pour moi, le hasard n'existe pas, c'est un concours de circonstance par rapport à nos croyances, nos espérances et peut être à nos pensées.

Je change mon regard sur ce qui m'entoure.

Lorsque je suis seule,

Je suis plus attentive à ce flot de pensées. Je reste motivée.

Au début, c'est un jeu, comme si j'ai plein de cartes de toutes les couleurs avec des messages, et que je dois les classer.

Mais petit à petit, c'est devenu une habitude de vie. Le tri sélectif se fait spontanément.

Mais dès que je me trouve en société,

Elles arrivent trop vite, et pas toujours très positives. Ni pour moi, ni pour mon entourage. Mais pourquoi j'ai ce regard de malaise vis-à-vis de moi. Qui suis-je pour me permettre de juger les personnes qui m'entourent ; leurs façons d'être, leurs vêtements, leurs dires...

Ce regard inquisiteur ou plutôt critique me rappelle une phrase souvent répétée durant mon enfance : « fais attention à ce que tu fais, à ce que tu dis pour ne pas être critiquée, sinon !!!! qu'est-ce que les gens vont dire de toi, de notre famille ?

Je ne me souviens pas du sens de cette phrase pour moi. Durant mon enfance, j'essayais de faire de mon mieux pour que mon entourage soit content de moi.

Et pourtant arrivée à l'âge adulte, je sais que j'ai porté des jugements, des critiques vis-à-vis des autres, mais en fonction de ma réalité de vie, de mes croyances.

Aujourd'hui, je refuse de me donner ce droit vis-à-vis de tout ce qui m'entoure, j'aime avoir mon idée, mon opinion, être d'accord ou pas. Si une personne, son attitude, son comportement me blessent personnellement ou pas, je lui envoie une pensée de bienveillance ou d'amour.

CHAPITRE 5

Les affirmations.

- C'est quoi une affirmation ?

- Tellement d'affirmations négatives.

- Les affirmations positives.

C'est quoi une affirmation ?

Contrairement à une pensée que je définis comme un flux énergétique qui passe très vite, mais qui a bien le temps de prendre sa place

Mais

Surtout qui a un pouvoir que nous n'imaginons même pas. Une affirmation peut être une pensée que l'on transforme en mots, ou une phrase parfois courte que nous pouvons répéter en continue.

Une phrase que nous avons entendue souvent et qui devient une réalité pour nous, c'est parfois la réalité de nos parents, nos éducateurs, notre entourage proche ou moins proche.

Mais correspond-elle à qui nous sommes vraiment ?

Est-elle notre réalité ?

Quand j'ai pris connaissance de cette notion, j'ai régulièrement prêté attention aux affirmations que je me répétais sans cesse ; sur mon physique : ma taille, mon poids, mes cheveux. Je n'y voyais que du négatif.

Trop petite, des kilos superflus, des cheveux trop noirs, trop ondulés.

Tellement d'affirmations négatives !

Je pris soudain conscience que je n'avais pas une belle opinion de moi-même. Mais surtout que je me le répétais encore et encore, presque chaque jour.

Et puis d'autres phrases aussi négatives :

Je cassais un verre : « oh quelle gourde »

Je me trompais de chemin : « je suis nulle »

Je me traînais après une journée de travail : « quelle fainéante ».

Je pris surtout conscience qu'il m'était plus facile de me dire des affirmations négatives. Et j'ai commencé à écouter mon entourage, pas d'une façon indiscrète, en suivant toutes les conversations, mais au détour de mon quotidien, en prenant les transports en commun, dans les salles d'attentes, en faisant les courses.

Et je pris soudain conscience du flot de mots ou de phrases négatives qui sont dites, par toutes personnes confondues : enfant, adultes, femmes, hommes, personnes âgées.

- Je vous en dévoile quelques-unes :
- Je suis un vrai boulet,
- Je ne sais rien faire de bon,
- Je ne comprends jamais rien,
- Je porte la poisse,
- Je ne sais pas gérer
- Je suis conne,
- Je suis nulle
- ...

Et la liste est bien courte, je n'ai pas souvent entendu une phrase positive !!!

Ou plutôt si, mais très vite placé à la corbeille. Un jour, j'avais un rendez-vous pour des documents administratifs, un employé vociféré car il rencontrait un problème avec son ordinateur, et il demanda tout haut de l'aide. Une collègue se leva : « je peux t'aider si tu veux, je connais bien le programme » et là j'entends : « bon ça va, ne te le pète pas non plus ». Et la fille en se levant, passa devant moi et murmura : « la prochaine fois, je la ferme ».

J'avais cette impression que les affirmations, ces petites phrases que je me dis, et que j'entends autour de moi, sont une partie de mon histoire, elles font partie intégrante de qui je suis. Et je prends conscience qu'elles ont créé chez moi des croyances. Même pour ce que j'appelle aujourd'hui des banalités. Je me suis souvent entendu dire : « tu es petite », c'est une réalité je mesure 1,53 cm, et quand on est petite, on ne met pas de basket, donc comme je suis petite, je ne peux mettre des baskets ou des chaussures plates que pour faire du sport ou une longue promenade.

Dès que je n'avais pas de chaussures de ville avec des talons, j'avais le réflexe de me hisser sur la pointe des pieds. Quand je voyais une personne de ma taille porter des baskets, je crois que je l'enviais, je traduisais qu'elle se sentait à l'aise puisque je la voyais sourire, je la trouvais belle.

Si je vous parle de cette anecdote, c'est que lorsque j'ai rencontré Vincent, c'était un de mes complexes, je dis bien c'était, il m'a rassuré, et j'ai commencé à me sentir plus à l'aise avec des talons plats et même pieds nus.

C'était déjà une pensée ou une affirmation négative en moins. Il y en avait bien d'autres, mais j'étais décidée à faire la chasse aux affirmations négatives comme je le faisais encore chaque jour pour mes pensées.

J'écoutais : l'entourage, les émissions radio, les informations télévisées, certains adultes vis-à-vis de jeunes enfants ou d'adolescents.

Que de négatifs, que d'énergies négatives.

Certains jours, cela m'affectait, il y avait les mots que j'entends, des mots de colères, des mots qui accablaient, d'autres qui culpabilisaient.
Accompagnés parfois de cris, d'attitude de « prise de pouvoir pour certains ou de défense pour d'autres ».

Parfois je me suis sentie blessée dans le corps et dans le cœur.

C'est à ce moment que j'ai pris conscience de l'impact des mots destructeurs ou révélateurs.

Les affirmations positives.

Je commençais à réfléchir sur l'impact des mots, des affirmations positives sur nous-mêmes et peut être sur notre entourage puisque lorsque j'avais entendu des mots négatifs, je me sentais affectée. Non seulement au moment même, mais aussi en y repensant quelques heures après.

Il est vrai que ce n'était pas ma situation, ce n'était pas mon histoire, mais j'aurais aimé apporté ne fut ce qu'une part de lumière ou de bien être aux différents acteurs de ces querelles ou des blâmes étalés publiquement.

Bien plus tard, j'ai pris connaissance d'autres concepts que j'appelle maintenant des énergies : l'ho'oponopono, le pardon, la gratitude que j'utilisent régulièrement lorsque je me retrouve face à des situations où je ressens un certain malaise émotionnel.

Pendant plusieurs jours en suivant, j'ai écouté des vidéos, j'ai lu des articles sur les affirmations. J'avais toujours cette soif d'en savoir plus, je me nourrissais en continu de nouveaux apprentissages. Je sentais que ces nouveaux concepts m'aidaient à me sentir mieux, je ressentais une force qui naissait en moi.

Comme un bâton qu'on me tend pour me sortir de cet état de malaise, comme si j'étais embourbée dans des sables mouvants et qu'il me suffisait de tendre le bras pour m'en sortir petit à petit.

Le livre audio que j'ai écouté plusieurs fois et qui m'a permis de faire un bond en avant est celui de

Louise Hay, Oui je peux.

Déjà le titre à lui seul est une affirmation qui me secoue, je l'ai répété à plusieurs reprises, je l'ai écrit plusieurs fois en y ajoutant des pointillés, puis je les ai remplacés par des mots, puis par d'autres et cela commençait à donner un sens à ce vide qui m'habitais parfois. Je revois encore la phrase ;

Oui je peux...

Oui je peux retrouver un travail...

Oui je peux me sentir bien dans mon travail...

Oui je peux m'épanouir dans mon travail...

Oui je peux retrouver une reconnaissance professionnelle.

Après bien d'autres découvertes, cette phrase est devenue bien plus qu'une simple affirmation, pour moi, c'était une affirmation qui avait un but bien précis, presqu'un objectif.

De jour en jour,

Cette phrase est devenue :

J'ai une reconnaissance humaine, professionnelle et financière dans un travail que je choisis.

Mon expérience,

Au mois de janvier 2015, je décidais de chercher un travail, mais je voulais un travail qui me permettrait d'être disponible pour moi et ma famille.

Et surtout un travail où je pouvais m'épanouir et retrouver ce besoin de reconnaissance que j'avais perdu. Je m'étais intéressée à des cours de secrétaire médicale.

Et grâce aux messages flash sur internet, mon regard se pose sur secrétaire médicale mi-temps. Après quelques entretiens, j'obtiens un poste. Je parcours toute la Wallonie, de Bruxelles à Liège, en passant par Charleroi, Tournai (en Belgique).

Et ma vie s'organise autour de ce nouveau travail, je retrouve cette reconnaissance professionnelle, humaine et financière. Et j'ai très souvent le loisir d'être disponible pour ma famille.

Dans le livre audio « oui je peux » de Louise Hay, propose des phrases courtes pour chaque domaine de la vie.

Je vous en propose quelques-unes.

Domaine professionnel.

- Mon travail favorise la manifestation de mon potentiel le plus élevé.
- Pour réussir, je pense que je suis une réussite et non un échec.
- Je peux apporter des solutions aux événements de ma vie professionnelle.

Domaine de la santé.

- Je peux guérir en toute sécurité.
- Je me crée avec amour une santé parfaite.
- Je m'aime et je m'accepte telle que je suis.

Domaines des finances.

- Financièrement, je suis toujours à l'aise.
- Je ne suis pas obligée de travailler dur pour avoir un beau salaire.
- Grâce à mes factures, j'affirme ma capacité à payer.

En l'écoutant plusieurs fois, je me suis rendue compte à quel point cela bousculait certaines de mes habitudes, de mes convictions. Certaines phrases n'étaient pas du tout d'accord avec mes croyances, avec ce que j'avais entendu depuis des années.

Je vous partage deux exemples que j'ai retenu,

Premier exemple

Dans le domaine financier, j'ai grandi avec tellement d'idées ; que les fins de mois sont toujours difficiles, qu'il faut travailler dur pour avoir quelque chose, parfois même acheter la nourriture. Que le plus important c'est d'avoir une maison à soi, et que le reste n'est que superflu : les vêtements, les loisirs, faire du sport, partir en week-end, prendre quelques jours de vacances.

Je voyais maman, presque chaque jour s'assoir devant son carnet de compte et noter minutieusement ses dépenses (*je trouve aujourd'hui cette étape très intéressante, mais en y incluant, tout ce qui me semblait avant du superflu et qui maintenant fait partie de mon équilibre de vie*).

Mais à chaque fois qu'elle était devant ce carnet, j'entendais la phrase, « heureusement que je fais ça, sinon j'aurais des dettes, je ne pourrais pas payer la maison et vos études... »et pour maman, tout était dettes, même la simple facture de téléphone ou de gaz.

Et j'ai gardé longtemps cette idée de dette, qui a créé chez moi un malaise face à chaque facture que je recevais, même si je pouvais la payer.

De cet apprentissage familial dans le domaine financier, je retiens une belle marque d'amour, j'ai oublié d'inclure quelque chose d'important dans ce qu'elle affirmait, mais qu'elle faisait spontanément : une épargne. Maman est une épargnante du tonnerre qui nous gâte, qui gâte ses petits-enfants, qui nous écoute avec minutie pour nous offrir ce petit quelque chose qui réchauffe le cœur.

Merci maman,

La vie change, ma vie change.

Certains besoins sont les mêmes, d'autres sont plus importants pour moi. Nous ne partageons pas toujours le même avis sur le domaine financier, il a parfois créé des discussions peut être lié à une inquiétude que tu ressentais pour moi, surtout en cette période de licenciement. De cet apprentissage, je ne garde que ce qui est bon pour moi, pour avancer vers mes espérances.

Je modélise ta rigueur et ta persévérance qui me servent souvent dans d'autres domaines.

Je t'aime

2ème exemple

Je me souviens d'une vidéo que j'ai écouté avec Lilou Macé (que j'ai découvert vers octobre 2013)

Elle faisait une interview de

Christine Michaud (coach québécoise : sexy, zen, happy)

Christine nous partage que même en se brossant les dents, elle se focalise sur ces dents en affirmant :

« J'ai des dents saines, j'ai des belles dents... »

Cela lui permet

De ne pas laisser vagabonder ses pensées,

De se centrer sur le moment présent

Et d'énoncer des affirmations positives.

Puis, elle ajouta en souriant qu'à son prochain rendez-vous chez le dentiste, il l'a félicitée car ses dents étaient en bonne santé et il avait remarqué qu'elle avait eu un brossage minutieux.

Pendant plusieurs jours, je me suis nourrie de cette découverte. Les différentes lectures, les audio, les vidéos ont eu un impact sur mon énergie, ma vitalité, ma bonne humeur.

Je prenais plaisir à écrire de nouvelles affirmations dans les différents domaines de ma vie. À chaque moment de la journée, les pages se remplissaient, depuis le lever, jusqu'au coucher, au moment de douche, du petit déjeuner, de mes trajets en voiture...

Et j'étais de plus en plus convaincue que cela changeait certaines habitudes, et je me disais que ce n'est pas uniquement parce que j'y pensais en continu, mais aussi parce que j'y mettais une intention, mon cœur, de la joie.

Une simple affirmation positive, précise et en continue, en y croyant fermement a donc la possibilité de nous donner un résultat positif pour nous même et peut être sur notre entourage

Louise Hay

Cette idée me donne envie de faire un tri dans tout ce que j'ai noté. Pour me concentrer essentiellement sur ce que j'ai envie de faire bouger dans ma vie.

Parce que j'ai envie d'avancer, je prends la ferme décision de ne plus rester sur des phrases de plaintes sur ma santé, ma vie et mon entourage professionnel.

CHAPITRE 6

Je m'inspire des affirmations
Pour évoluer.

- Mes affirmations.

- Ma vie se bouscule.

Mes affirmations.

Mes affirmations, je les ai définies en fonction de mon état d'être physique et moral du moment.

Je vous fais le point de ma vie en ce mois de décembre 2013.

Physiquement,

J'ai perdu 14kg (je trouve ça plutôt chouette), mais trop rapidement peut être, mon dos en a souffert. Je marche difficilement. Mes jambes, j'ai l'impression qu'elles pèsent des kilos. Je me réveille à cause des fourmillements.

Je passe mes semaines entre les séances de kinésithérapie, de l'hydrothérapie, les consultations chez le médecin.

Dernier diagnostic, « si vous exercez encore comme infirmière, achetez-vous une chaise roulante », bien évidemment cela m'a été présenté différemment, mais c'était la conclusion : 2 vertèbres en souffrance, un œdème osseux qui m'oblige à prendre des anti-inflammatoires trop régulièrement et un canal rachidien rétréci de moitié. Et une opération à envisager.

Moralement,

Certains jours, je me sens bien, d'autres, je suis dans mon flot d'émotions descendantes : la colère, la frustration, l'angoisse, la peur, l'incompréhension.

Il est urgent que je trouve une solution.

Une solution pour : mon travail, mon état de santé.

La solution la plus difficile à trouver : comment me défaire de ce contrat qui me lie encore à la dernière institution ?

Je refuse tout contact, rien que d'y penser, il engendre une angoisse, des insomnies, parfois des vomissements. J'ai un besoin urgent de reprendre confiance en moi, c'est une étape obligatoire et je dois le faire. Sans cette notion de libération, je ne pourrais pas avancer.

J'ai besoin de force morale et physique, j'ai besoin de reprendre confiance en moi.

Dans cette dernière phrase, il y a assez de mots clés pour m'aider à construire mes affirmations. J'ai envie de tester, d'essayer. Mais soudain la peur m'envahi, et si cela fonctionnait pour les autres et pas pour moi.

Les autres sont des personnes connues : des écrivains, des coachs, de bons orateurs. Et moi je suis quoi, ou qui, à part moi.

Ce qui me motive à essayer, est que à chaque fois que j'écoute Louise Hay, Lilou Macé, ou quand je regarde le film « le secret », je me sens détendue, et il y a au fond de moi une étincelle, une lueur de renouveau, un état de bien-être.

Je relis la phrase plusieurs fois, et j'écris cette affirmation : j'ai confiance en moi. Je la dis à voix haute encore et encore, 10 à 20 fois par jour peut-être plus.

Et au fil des jours, je me surprends à réfléchir, sur ce que peut m'apporter cette confiance en moi, comment créer cette confiance en moi pour ma santé, pour me libérer de mon ancien employeur.

Je retourne vers mes recherches sur internet.

Je tape « confiance en soi »

Je vois défiler sur plusieurs vidéos le nom de

David Laroche.

Je lance une vidéo et là, je suis scotchée, par son jeune âge, son énergie, sa détermination, son visage détendu et souriant. Je l'ai écouté pendant des heures et des heures.

J'allais de découvertes en découvertes. J'avais cette impression qu'il s'adressait directement à moi. Il y avait un mélange de monologue et de dialogue, j'avais envie de lui parler, j'avais envie qu'il réponde à mes questions. J'avais cette certitude qu'il avait la réponse à mes doutes, mes peurs. J'étais complétement absorbée.

Je découvris une série de vidéo : les Wake up calls, une vidéo publiée chaque matin, qui dure 3 minutes ou plus, dans la spontanéité, sans coupure.

J'étais repartie dans le plaisir et avec mon âme d'enfant à de nouvelles découvertes. Même si certains termes m'étaient devenus familiers, j'avais cette sensation de les découvrir pour la première fois.

Les premières vidéos parlaient d'objectifs. Un terme tellement de fois utilisé dans ma vie de tous les jours, surtout au niveau professionnel. Et là, je découvrais la possibilité de me refixer un objectif pour ma vie, pour clarifier ce que j'ai envie de vivre chaque jour. Depuis très peu de temps, je savais que je pouvais penser à moi et je l'acceptais (parce que je savais que cet état de bien être est communicatif pour mon entourage).

Je venais de réaliser qu'en cherchant à avoir confiance en moi, je me suis dirigée vers cette notion de me fixer un objectif.

Après avoir visionné les vidéos sur l'objectif, mes affirmations sont devenues plus précises. Et je donne un sens différent à une affirmation et un objectif.

Une affirmation est une phrase courte que je me répète en continue qui m'aide à remplacer un schéma de pensée parfois négatif.

Un objectif est ce que je veux vivre de concret dans ma vie. Je peux le rendre possible grâce à mes affirmations, et mes pensées positives.

Ces trois concepts réunis me permettent d'y croire et d'augmenter en état de bien être intérieur.

Cela devient ma nouvelle histoire.

Pendant plusieurs semaines, je vis de cette nouvelle histoire, je me crée un court métrage de cette nouvelle possibilité. Je repense au livre audio de Louise Hay et je me dis « oui je peux ».

Oui je peux tourner la page, oui j'ai la capacité de redémarrer ma vie professionnelle. IL y a un moment d'excitation intérieure.

Je me construis spontanément mon objectif que j'appelle, mon affirmation de but précis.

> Je me libère de mon contrat et je m'ouvre à des nouvelles possibilités professionnelles.

Cette affirmation me plaisait, chaque mot avaient une résonnance de renouveau.

Un nouveau départ, j'étais prête à m'investir, prête à me dépasser.

Je voulais trouver une formation qui me permettrait d'être inspirante, un peu comme David Laroche. Il m'avait suffi d'écouter quelques vidéos et certains jours, j'étais complétement redynamisée.

Je ne cherchais pas à l'imiter. J'étais attirée par son peps, son entrain, peut-être même son audace.

Je fis quelques recherches et je découvris qu'il avait une formation d'ingénieur, c'est la seule formation que j'ai retenue. Je me dis que j'ai sans doute oublié un chapitre sur l'histoire de sa vie.

Ma croyance qu'il fallait absolument un diplôme pour y parvenir pour être crédible, m'anéanti pendant quelques jours.

Je repris le chemin des recherches des demandes d'emploi dans le domaine médical. Je ne peux l'expliquer pourquoi, un peu par dépit.

Et à chaque fois, je me sentais mal, un mal être physique, et même un laisser-aller total. Je n'osais pas en parler autour de moi. J'entendais ma famille me dire, « mais tu as quand même un beau diplôme, tu vas vite retrouver quelque chose ».

Combien de fois depuis mon licenciement, cette idée de reprendre une activité dans le milieu médical me hantais, comme si une petite voix me disait : tu n'as pas le choix ». Et je le vivais mal.

Puis une autre voix me murmurait :

« Il y a quelque chose de mieux pour toi, cherche »

Bizarrement, cette dualité, je la vivais très bien, je n'en retenais que le côté espoir, je savais que je pouvais continuer à y croire. J'avais besoin de lire, d'écouter des vidéos sur la confiance en soi, pour faire pencher cette dualité du côté de ce que je voulais vivre et non du côté de cette raison logique qui m'emprisonnait. J'avais besoin d'aide pour avancer, pour prendre une décision mieux définie.

4ème

Espace

Les aléas de la vie.

Chapitre 7

Des portes s'ouvraient,

D'autres se fermaient.

- Des portes s'ouvraient.
- D'autres se fermaient.

Des portes s'ouvraient.

J'avais déjà ouvert tellement de nouvelles portes, des portes sur une façon différente de concevoir ma vie, mon regard sur moi-même, sur mon physique, mon mental. Je me suis donné la permission de me découvrir, et je me rendais compte que c'était ce qui me convenais.

J'étais de plus en plus sereine, plus à l'écoute de moi-même et de mes proches, surtout de mes enfants.

J'avais arrêté d'être la maman autoritaire qui exigeais parce que je croyais que ma décision était l'unique, la meilleure, la seule à suivre pour leur bienêtre, pour leur protection. Je les écoutais émerveillée, je venais de découvrir que j'avais bien plus à apprendre d'eux que je ne l'imaginais. Je les sentais grandis, plus responsable d'eux-mêmes et d'une belle complicité entre les 2 frères.

J'accueillais leurs difficultés, leurs erreurs avec plus de sérénité, avec plus d'amour et bien souvent, ils trouvaient eux-mêmes la solution qui leurs convenaient.

Je restais attentive à leur écoute parfois encore dans l'inquiétude, dans l'émotion. Mais je le vivais dans l'instant présent.

J'ai découvert le pouvoir du pardon. J'ai pardonné avec conviction, avec la croyance de retour qu'il m'apportait. J'ai pardonné petit à petit à toutes les personnes qui m'avaient blessé par leurs mots, par leurs actes. J'ai réussi à définir différemment certaines personnes, non plus par leurs actes qui m'avaient laissé une cicatrice ouverte, mais par ce que je retenais de positif de certaines situations.

Mon ex-compagnon devenait le père de mes enfants, une personne que je respecte et à qui je donne une valeur de père et non mon ex-compagnon avec les griefs ou les rancunes des moments difficiles.

Mon ancien employeur devenait le pont vers ma nouvelle vie et non un mur qui m'encerclait, qui m'isolait.

En mon fort intérieur, je leur demande pardon, car peut être, je les ai blessés ou déçus.

Je me suis pardonné à moi-même de n'avoir pas pris soin de moi par mes paroles et mes pensées.

> Le pardon est comme un pansement sur une cicatrice du cœur. Olivier Clerc

Je prenais soin de moi, je voulais trouver des alternatives naturelles pour ma santé physique.

Je voulais ralentir mes va et vient chez le kiné, le médecin, le pharmacien. Je savais que mes vertèbres étaient « abimées », ni une intervention, ni les médicaments ne pouvaient me les remplacer.

Je me souviens d'un matin où je me suis dit : « je vais vivre avec cette difficulté, je vais accepter ma situation, ne plus en parler et avancer »

Quel apprentissage !

Moi qui croyais qu'il fallait obligatoirement mettre ma situation physique en avant dans chaque conversation, mon problème de santé était presque devenu ma carte d'identité.

J'essayais et j'arrivais à passer une journée complète sans en parler, sans me focaliser sur ce mal, sans l'accentuer.

Et petit à petit, je le vivais différemment. Je commençais à espacer la prise de médicaments, surtout les anti-inflammatoires. Je cherchais dans l'almanach des plantes médicinales, et j'ai découvert un remède vieux comme le monde d'après le dicton. Un remède utilisé par Guillaume le Grand pour soigner ses troupes après un combat. Et il a eu de l'effet sur moi.

Je changeais mon alimentation.

Je mangeais plus de fruits et de légumes, je diminuais à 50% les produits laitiers et à plus de 80% la viande. À ce jour, j'ai également pris la décision d'arrêter les sucres blancs, les sucreries. Et cela me plaît.

Au début, je ne sais pas pourquoi j'ai eu le besoin de changer toutes ces petites choses autour de moi. Puis, j'ai découvert que je prenais conscience différemment de tout ce qui m'entouraient. Comme si je refaisais le dictionnaire de ma vie, chaque élément avait une définition différente.

Des portes se fermaient.

Cet état de conscience, cette nouvelle façon de concevoir ma vie m'a donné des ailes. J'avais acquis une force intérieure, tout en gardant une certaine fragilité liée bien souvent à mes émotions, à certaines valeurs bien ancrées.

Je fermais la porte de mon ancien employeur.

Ou plutôt du contrat qui me liait encore à lui et à mon métier d'infirmière, à cette expérience douloureuse mais tellement révélatrice. Je me suis préparée pendant des jours et des jours. Reprendre contact même par téléphone ne m'était pas facile, je ressentais une peur, une colère. Mais j'avais besoin de me sentir libérée, même respectée dans mes choix.

Le moment venu, j'étais heureuse d'entendre la voix du directeur administratif ; mes mots, ma demande, je l'ai présentée avec calme, avec une assurance qui m'a surprise. J'ai eu envie de me féliciter (un geste tout à fait nouveau pour moi).

Après quelques semaines, quelques démarches administratives, fin février 2014, je recevais la rupture de contrat. Et le tout sans que je n'aie à me déplacer (ce que je redoutais le plus).

Je me sentais LIBRE.

J'allais avoir 51 ans, et ce nouveau départ me donnait des ailes.

D'autres portes se sont fermées, sans vouloir les verrouiller.

J'étais dans ce mouvement de développement personnel, j'évoluais petit à petit vers un état de bien être qui me correspondait, que je choisissais. Cela devenait une habitude de vie. J'en parlais avec beaucoup de facilité, avec conviction.

Je ressentais de plus en plus une paix intérieure. Comme bien d'autres, j'avais eu mon lot de moments très difficiles. Je donnais une direction différente à toutes ces plaies ouvertes de maladies, de ruptures, de disputes, de non-respect, de mal être.

J'avais envie de partager librement autour de moi, partager mon bien être, partager mes nouveaux apprentissages, sans imposer ma nouvelle façon de vie.

Et j'ai eu très difficile à m'entendre dire par des personnes proches : « que je faisais partie d'une secte ; qu'il fallait que je me ressaisisse ; que j'avais des enfants, qu'il fallait que je sois plus responsable ; qu'il fallait que je retourne chez mes parents, parce que eux, allaient pouvoir me sortir de cette situation... »

Au début, je suis rentrée dans des explications, j'essayais de convaincre du contraire. Je leur partageais mon bonheur, mon choix pour une vie plus saine à mes yeux. Puis, plus de nouvelles, nous avons chacune fermée une partie de la porte, peut-être pour nous protéger à notre façon. Pour moi, la porte est toujours ouverte.

CHAPITRE 8

J'étais déterminée à trouver ma voie.

J'étais déterminée à trouver ma voie.

Depuis la fin du contrat, chaque matin, je prenais conscience de ce ressentis de libération, de paix intérieure. Je me sentais plus légère de plus avoir à me poser des questions ou parfois à angoisser de ne pouvoir répondre aux comment... aux pourquoi...

Je me sentais libre de pouvoir choisir. Et surtout j'avais cette conviction que quoique je choisisse, je ferai le bon choix pour moi. Je prenais du temps chaque jour pour continuer à apprendre, à découvrir, à développer mes connaissances sur cette nouvelle passion du développement personnel.

De jour en jour, je remplissais ma boîte à outils. Et j'utilisais celui qui me convenait à un moment donné, en fonction de ce que je vivais.

Certains outils, je les utilisais tous les jours, comme :

La méditation.

Je prenais chaque jour, quelques minutes pour moi.

Je m'asseyais, je veillais à être simplement confortable, sans être dérangée par le téléphone ou un bruit comme le lave-vaisselle ou autre. Après quelques respirations en conscience (j'inspirais en gonflant l'abdomen, je retenais ma respiration pendant quelques secondes, et j'expirais, après 3 à 4 cycles de cette respiration, je reprenais un mouvement plus calme). Si certaines pensées arrivaient, je savais que c'était normal, je les dirigeais vers l'extérieur de moi. Et je me concentrais sur mon être intérieur, sur une sensation de paix et de bien-être. À la fin de chaque méditation qui durait entre 10 et 20 minutes, j'avais pris l'habitude de poser une question qui commençait par « comment... » sans me soucier de la réponse.

J'avais aussi garder l'habitude d'aller à la découverte d'un livre, d'un livre audio, d'une vidéo.

Et il m'arrivait de les lire ou de les écouter plusieurs fois jusqu'au moment où cela devenait une habitude, c'est de cette façon que je me surprenais à appliquer certaines nouvelles applications ou des théories qui faisaient partie de mon quotidien, comme si je les avais toujours connues ou utilisées.

Ce que j'aimais plus que tout, c'était écrire.

Je ressentais ce besoin de déposer chacune de mes découvertes sur des feuilles que j'avais répertoriées par des thèmes, (et ces thèmes correspondent aujourd'hui aux espaces de vie, repris dans ce livre).

Je continuais aussi à remplir régulièrement « mon cahier de réussites », où je reprenais mes joies, mes audaces, mes états d'être.

Quel plaisir, et c'est même bien plus fort qu'un simple plaisir, de sentir mes doigts glisser sur les touches de l'ordinateur.

Je ressens une énergie merveilleuse me parcourir le corps quand je vois chaque lettre, chaque mot, chaque feuille défiler, se remplir.

Je réalise petit à petit et de plus cet avancement dans ma vie, cette nouvelle personne que je suis devenue.

Et pour la première fois, je réalise que quoique l'on puisse penser ou dire de moi, n'a aucune importance.

Je me sens vivre, je me sens être, je me sens exister, je me sens aimer.

Je pris la décision d'inclure tout ce nouveau mouvement dans chaque domaine de ma vie. Je l'avais déjà bien adopté et adapté à ma vie sentimentale, familiale et sociale. Je voulais l'inclure dans ma vie professionnelle. J'avais découvert déjà des tas de noms de personnes qui avaient, qui sont et qui seront encore inspirante pour moi, comme Louise Hay, Jack Canfield, David Laroche, Lilou Macé et j'en passe.

Les questions que je me posais : en avaient-ils fait leur métier, leur gagne-pain. Et si je fais la même chose, allais-je pouvoir en vivre ?

Soudain, je me suis sentie envahie par des tas de questions terre à terre :

Quel statut ? Comment me faire connaître ?

Je n'ai pas de diplôme ! Je n'ai pas d'expérience !

Qui suis-je pour prétendre y arriver ?

J'étais freinée par toutes ces affirmations, ces logiques, j'étais déterminée à avancer, à trouver ma voie.

J'avais besoin d'aide pour avancer, pour prendre une décision mieux définie. J'avais ce besoin d'être soutenue, guidée.

5ème

Espace

De l'aide pour avancer.

CHAPITRE 9

Je suis épaulée, soutenue, guidée.

- Pourquoi j'ai envie d'être aidée ?

- J'ai envie d'être aidée par une personne qui correspond à mes attentes.

- « Libérez votre potentiel en 21 jours. De David Laroche.

Pourquoi j'ai envie d'être aidée ?

J'avais besoin d'aide pour avancer, pour prendre une décision mieux définie. J'étais dans un état d'excitation telle, que je m'éparpillais.

Je voulais vivre tellement de nouvelles découvertes, mais par quoi commencer ?

Je rentrais dans un questionnement qui m'empêchait d'avancer, m'empêchait de clarifier mes attentes. La seule et unique réponse que j'arrivais à me donner :

Je veux travailler, je ne veux plus être infirmière, je veux trouver un travail qui me permette de me sentir bien physiquement, moralement et émotionnellement.

Mais comment trouver une nouvelle voie professionnelle, je n'ai qu'un diplôme d'infirmière, mais je ne veux plus, ni physiquement, ni moralement. J'ai une passion et des connaissances en restauration puisque j'en ai fait un métier pendant plus de 10 ans, mais physiquement, je n'y arriverai pas.

Chaque soir avant de m'endormir j'y pensais encore et encore. Je restais persuadée que j'allais trouver une solution, je restais motivée et surtout décidée.

J'ai envie d'être aidée, par une personne qui réponde à mes attentes.

Comment je peux trouver une personne qui réponde à mes attentes. Et quelles sont mes attentes par rapport à cette aide ? Je me pose toutes ces questions parce que c'est la première fois et j'avoue que j'ai une crainte, une peur de ce qui va ressortir, ce que je peux découvrir pour moi-même ou sur moi-même.

Pourtant depuis plus d'un an, je vais de découvertes en découvertes, et ce nouveau moi me plaît, me rassure aussi.

Cette démarche me semble plus puissante que tout le reste, pourquoi ? Peut-être parce que je vais me laisser guider par une personne ou plutôt par un professionnel.

Je sors de ma zone de confort. Après mon licenciement, je ne voulais pas de psychologue, pas de psychiatre, pas de psychothérapeute, rien d'extérieur.

Mais là, c'est différent, je ne vais pas parler de moi, de mon histoire, de mon passé.

C'est une démarche pour commencer à construire mon futur professionnel, mais j'ai cette conviction que cela va avoir un impact sur qui je suis et cela devient une curiosité qui m'attire.

J'ai envie de passer à une étape supérieure de ma vie.

Je commence mes recherches sur internet, je lance : « Aide pour trouver ma voie professionnelle » et là je me sens perdue par la multitude de site trouvé, chacun très différents. Lequel choisir ? Lequel me conviendrait ? Parfois la distance me freine, parfois le prix.

Un matin, comme chaque matin, je commençais mon rituel. Après avoir conduit les enfants à l'école, je me faisais plaisir avec un café, puis je prenais quelques minutes pour ma méditation.

Je m'installais à ma place habituelle ; ma tablette, mon cahier journal (où j'écrivais presque chaque jour, mes apprentissages, mes découvertes, les comptes rendus de mes lectures ou autres), mon cahier de réussites, tout était déjà prêt.

Je lançais une vidéo au hasard, je l'ai choisi peut-être parce qu'il y en avait plusieurs et que j'allais avoir une suite.

Je lançais la première vidéo.

Wake up call de David Laroche.

Waouh !!! J'étais fascinée.

J'écoutais 2 à 3 vidéos par jour, je prenais des notes encore et encore.

Soudain, mes yeux pétillaient, cela faisait depuis quelques semaines, à chaque fois que j'écoutais une vidéo, je me laissais bercée par l'idée de faire un coaching avec lui.

Sous plusieurs vidéos,

Je lisais : « formation en ligne, libérez votre potentiel en 21 jours ».

À chaque fois, que je l'écoutais, j'en retirais un apprentissage, j'étais attirée par l'idée de suivre cette formation en ligne. J'étais attirée par l'idée d'avoir un suivi de 21 jours. Il n'y avait pour moi, aucun frein : ni la distance (évidemment), le prix était pour moi correct, et je n'allais pas tout à fait dans l'inconnu.

« Libérez votre potentiel en 21 jours ». David Laroche

Des questions logiques venaient me titiller :

Quel potentiel, est-ce que j'ai un potentiel ?

Est-ce que je peux y arriver en 21 jours ?

Et si je fais ça pour rien, je vais être déçue !

Puis je me suis dit,

Si je ne fais rien,

Je vais être déçue.

Pendant toute la journée, j'ai lu tous les articles concernant cette formation, j'ai écouté les vidéos et de plus en plus j'étais attirée par le programme.

Me voilà inscrite et je reçus la première vidéo le 1 3 mars, le lendemain de mon anniversaire.

Pendant 21 jours, je me suis concentrée sur chacun des exercices proposés. Je me réveillais chaque matin motivée. J'y ai consacré du temps et cela me plaisait. Je me sentais utile pour moi-même, je me sentais exister.

Après 21 jours d'apprentissage, d'écoute, de partage, de réponses à mes questions, à mes doutes. Je laissais venir à moi ce qui se présentait.

Depuis février 2013, je m'étais laissée guidée par mon intuition. Les lectures, les vidéos, les livres audio, les articles venaient en fonction de mes envies. J'écoutais, je notais, je surlignais.

Et c'était le point de départ de mes nouvelles recherches que je partageais avec une ou deux personnes.

Et là, je venais de vivre une expérience avec des personnes qui avaient fait le même choix que moi. Nous partagions nos impressions, nos ressentis. Je ne connaissais pas les participants, mais il y avait des messages de bienvenus, de merci.

Je ressentais une énergie positive. Chaque exercice a été révélateur, chaque jour était différent au jour précédent, celui des deux premiers jours a été très porteur. Il s'agissait d'identifier mes objectifs en fonction de ce que j'avais envie de vivre, comme si tout était possible. J'ai laissé libre cours à ma créativité, je me suis laissée emportée à rêver, et de là, j'ai identifié l'objectif que je voulais pour ma vie professionnelle.

Je ne vous dévoile pas le contenu (si vous faites le choix de vivre cette expérience, je vous laisse la découvrir).

Deux ans après, (nous sommes en juillet 2016). J'utilise encore ce programme, il m'arrive de refaire la série complète. Certaines phrases sont pour moi énergisantes. Certains exercices révélateurs en fonction de l'avancement de ma vie.

Je vous partage une habitude de s'est créé, que j'ai créé. Je me fixe des sous-objectifs et je leur donne une date de fin à 21 jours. Chaque jour, je pose un acte, je passe à l'action. Même pour ce qui me semble plus difficile pour moi par rapport à certaines croyances ou habitudes. Il m'est plus facile de sortir de ma zone de confort pour une action, que pour plusieurs en même temps. Et le soir, je suis fière de moi, et j'ai hâte de le noter dans mon cahier de réussites. Et après 21 jours je suis heureuse de cette nouvelle étape franchie pour atteindre l'objectif que je me suis fixé.

CHAPITRE 10

L'aide du pouvoir de l'attraction.

- Le pouvoir de l'attraction régit par la loi d'attraction.

- Comment je me représente ce pouvoir ?

- Quelles en sont les notions ?

- Quelles sont les notions que j'ai retenues, comment je les utilise ?

L'aide du pouvoir de l'attraction.

En cette période de ma vie, il m'est difficile de vous parler de la loi d'attraction sans apriori par rapport à l'idée que vous pouvez en avoir. Même si j'y crois et que j'ai déjà constaté ce pouvoir à plusieurs reprises durant ma vie.

Des apriorís, peut-être parce que je me suis entendu dire que je faisais partie d'une secte, en publiant certaines phrases d'Esther et Jerry Ickx (auteurs de best-seller sur la loi d'attraction)

Suite à l'écoute de leurs livres audio :

- Demandez et vous recevrez.
- La loi d'attraction.

Je n'y voyais rien de mal en les publiant. Mon idée était de partager ce qui me faisait du bien aussi bien moralement que physiquement. Mais je peux très bien entendre que ce pouvoir ou cette loi qui existe depuis des millénaires ne vous fasse pas écho. Je l'ai découverte en regardant le film « le secret ».

Cette possibilité d'attirer ce qui me ferait plaisir m'a aidé pour me frayer un chemin sur la route des possibles.

Le pouvoir de l'attraction régit par la loi d'attraction.

Je préfère utiliser le terme : pouvoir de l'attraction. Le terme « loi » me ramène en fonction de mes croyances à « obligations », « devoirs », « sanctions », « discipline ».

Le terme loi est utilisé parce que comme la loi de la gravité, qu'on le veuille ou non, qu'on y croit ou pas, elle est en fonction en continue, j'avais envie d'écrire : elle fonctionne. Mes expériences m'ont prouvée et elles me le prouvent encore aujourd'hui que cela peut fonctionner.

Il m'a été difficile au début de me dire que ce que j'avais vécu de confortable et parfois de très inconfortable avait existé, parce que je l'avais pensé, imaginé, ressenti et attiré à moi.

À ces pensées, ces imaginations et ces ressentis viennent s'ajouter nos croyances, notre vécu, le sens et la représentation que nous donnons à une expérience.

Je vous partage un exemple de ma vie.

Par respect je ne dévoile pas le lien direct, sauf si j'ai eu leur accord. Suite à ce que j'ai vécu avec un membre de ma famille. J'ai grandi avec l'idée que la maladie faisait partie de la vie, que c'était normal de parler de nos douleurs, de nos maladies, de nos hospitalisations etc...et je me rappelle m'avoir inventé des problèmes de santé (qui parfois me sont arrivés) tellement il y avait de l'attention autour de ces plaintes, de ces symptômes. C'était ma façon d'attirer de l'attention, j'avais besoin d'avoir de la reconnaissance, besoin d'exister pour mes proches.

Vers l'adolescence, pour d'autres croyances, m'était interdit. Je me suis donc crée une vie de femme amoureuse d'un prince charmant, d'un homme malade, que mon amour soignait...

Bien des années plus tard, j'ai dû faire face à cette réalité, j'étais amoureuse d'un homme malade et j'ai même fait face en tant que maman à un enfant né avec une tumeur.

Mais la réalité est bien loin d'être du rêve féerique que je m'étais construit.

Comment je me représente ce pouvoir ?

La façon dont je me le représente, je l'ai déjà lue ou entendue, soit dans des livres, soit dans des conférences ou des webinaires des différents auteurs dont je fais référence dans la bibliographie.

Certains parlent d'aimant, parce que nous attirons à nous ce que nous demandons, pensons. Ou nous attirons un fait en fonction de nos émotions, de nos vibrations.

D'autres nous l'expliquent comme une onde radio. Si nous avons envie d'écouter une radio de musique classique qui se trouve sur une onde 99,4 et que nous mettons notre curseur sur 104,3 nous aurons peut-être une musique de rock qui ne correspond pas du tout à notre attente. Donc si j'émets une vibration de colère, je ne peux espérer recevoir une marque de tendresse. Dans le film le secret, il le représente aussi par un génie. Mais pour moi, cela reste valable pour les contes de fées qui commence par il était une fois...

Quelle est ma représentation ?

Je préfère l'idée de l'onde radio.

Cela me permet d'être dans l'instant présent. Je prends pleinement conscience de ce que je vis, de ce que je ressens.

Si c'est un moment de joie, d'amour, de rire, de partage. Je suis reconnaissante et je suis dans la gratitude.

Si c'est un moment de doute, d'incompréhension et parfois de douleur physique ou morale. Je dirige mon onde radio vers la solution que j'ai envie ou besoin de vivre. Je ne reste pas figée sur « ce qui ne va pas ». Et si je n'ai pas la solution voulue, je me dis que je ne suis pas sur le bon chemin. Je change de route. Je suis dans le pardon pour moi-même, pour l'autre.

J'ai choisis dans ma vie d'accueillir et d'accepter toutes les situations sans critiques, sans jugement pour moi ou pour l'autre.

Chaque être a le choix de vivre sa vie comme il l'entend. Je suis persuadée que si une personne est réceptive, mon calme, mon amour de la vie pourront l'impacter et peut-être même l'aider. Même si je suis dans ce mouvement de recherche de bien être, je ne suis pas pour autant dispensé de moments difficiles.

Comme chacun de vous ou de nous. J'ai des factures à payer, certaines fins de mois inconfortables. Je fais face aux demandes, aux inquiétudes, aux surprises de dernières minutes des quatre enfants. À la maintenance de la maison, la TV qui tombe en panne en panne, plus de Wifi (catastrophe !!). Et un matin, j'ai même dû faire face à mon fils de 16 ans qui m'annonce qu'il ne sait plus utiliser ses jambes. Il était paralysé sans rien avoir eu, pas problème de santé la veille, ni la nuit. J'étais effondrée ; l'hôpital universitaire, des examens pénibles pour lui, l'attente longue d'un diagnostic. Rien, il n'avait rien, mais il ne s'avait plus marcher. Un blocage qui peut arriver chez les adolescents. Heureusement après 3 mois tout est rentré dans l'ordre. J'ai vécu des moments très difficile, des pleurs, une tristesse indescriptible. Ma nouvelle façon de concevoir la vie m'a permis de croire en lui, de l'encourager dans tous les efforts qu'il faisait, de lui donner un amour sans être dans la colère de ce qui lui arrivait ou dans le doute. Je me suis souvent posé la question, <u>comment</u> je peux l'aider, le soutenir et non <u>pourquoi,</u> cela lui est arrivé, c'est injuste.

Quelles en sont les notions ?

Si vous avez regardé le film « le secret », ou peut-être,

Êtes-vous déjà intéressée à la loi de l'attraction.

Trois principes y sont repris

- Demander
- Croire
- Recevoir

Pour moi, il manque un élément essentiel

- Passer à l'action.

Au début, je croyais qu'il suffisait de penser à quelque chose très fort et d'attendre. Si j'avais continué avec cette idée, j'aurais très vite abandonné. Je vous confirme ce n'est pas en restant dans mon fauteuil ou simplement en patientant dans mes habitudes que la vie que je vis aujourd'hui s'est créé. Je me suis dépassée, j'ai cru en moi, je suis allée vers les personnes qui pouvaient m'aider, je les ai écoutés, même si certaines notions, je les connaissais ou je les appliquais déjà dans ma vie.

Quelles sont les notions que j'ai retenues, comment je les utilise ?

Au travers de tous les apprentissages jusqu'à ce jour, je sais que la vie que j'ai envie de vivre dépend de moi.

Qu'il y a parfois des contraintes, certaines plus difficiles que d'autres, il y a des engagements les uns plus lourds que d'autres. Mais je veux y arriver, je veux avancer pas à pas. Je décide d'appliquer dans ma vie de tous les jours ces nouvelles notions de ce pouvoir d'attraction.

Demander,

C'est avant tout identifier ce que je veux. Dans quel domaine de ma vie j'ai envie d'apporter un changement. Qu'est-ce que je ne veux plus vivre ou qu'est-ce qui me dérange ? Parfois même, c'est une habitude qui était déjà bien ancré dans ma vie, mais qui ne me convient plus, elle ne fait plus partie de la Rita actuelle.

J'ai commencé à me créer une vie que je voulais vivre, comme une actrice qui joue dans le rôle de sa vie, et j'en étais même le metteur en scène.

J'aimais être créatrice, même s'il y avait ces pensées, cette petite voix intérieure qui me chuchotait : « mais tu es folle, tu l'auras jamais, ce n'est pas pour toi, à ton âge, t'as pas les moyens, t'as pas le diplôme, t'as pas l'expérience.

Je retiens cette phrase de David Laroche

« Et si tout était possible »

Qu'est-ce que je demande ?

Un travail qui m'épanouit, ou je retrouve une reconnaissance de mes employeurs et mes collègues. Un travail qui répond à mes besoins financiers, qui me permet d'être libre pour les enfants, pour ma vie de femme, d'avoir du temps pour moi, pour continuer à m'épanouir. Un travail où je peux prendre soin de mon corps physique. Au début, toutes mes demandes étaient dirigées vers le choix d'un nouveau travail. Après, j'ai commencé à élargir mes demandes au fur et à mesure de mes besoins qui évoluaient.

Lorsque je m'éloignais de mon désir, j'écrivais de nouvelles affirmations qui commençaient par je, des phrases positives, au présent.

Je dirigeais mes pensées vers mon cœur, vers ma tête ou à l'extérieur de moi.

Je prenais du temps chaque jour pour écrire, rectifier, faire un pas en arrière, recommencer et surtout avancer.

Je prenais l'habitude de demander, d'écrire, de presque commander ce que je voulais.

Croire,

Et si cela n'arrivait pas, je me disais qu'il fallait peut-être que je m'y prenne autrement.

J'ai toujours cru, j'ai toujours gardé espoir. J'ai compris à quel point, je ne voulais pas baisser les bras. Je voulais rester fixée sur mes désirs.

En quelques mois, je me sentais exister, j'avais cette réelle impression que : j'étais une nouvelle moi, mais qui vivait dans le même corps.

J'avais cette conviction qu'il fallait que je continue (pas dans le sens de devoir ou d'obligation) mais parce que je ne voulais pas me donner d'autres choix que de réussir mes projets.

Recevoir,

J'ai compris que recevoir, ce n'était pas recevoir textuellement ce que j'avais demandé.

Ce n'est pas comme passer une commande sur internet : je choisis une couleur de chaussure, la pointure, le modèle et j'ouvre le paquet de la poste et j'ai les chaussures de mes rêves.

Recevoir, c'est être attentive à tout ce qui se présente sur ma route, une lecture, une vidéo, des nouvelles idées, un mot qui résonne en continu, une image, une intuition.

Je me souviens qu'un jour je cherchais une photo pour un des enfants, une photo qu'il voulait pour un cadeau de la fête des pères. Je voulais lui faire plaisir, je l'ai cherché pendant des heures, dans tous les albums, sans la retrouver.

Ce jour-là, j'allais chercher les enfants en tram, et j'entends une maman dire à sa fille : « regarde dans la chambre de ton frère », je ne sais pas pourquoi, elle a répondu ça. Mais en entendant cette phrase, je visualise une pochette dans un tiroir, et je me souviens que mon fils aîné m'avait demandé cette photo. Et c'est là que je l'ai retrouvée.

Dans cette phase de recevoir, c'est aussi accepter des étapes intermédiaires qui arrivent et pas toujours au bon moment, ou pas du tout attendue ou voulue. Comme l'expérience de mon fils. Toutes ces étapes sont des expériences parfois agréables, parfois inconfortables, mais je sais au fond de moi que de l'avoir vécu, j'en ai retiré une belle leçon de vie pour moi, et pour ma relation avec lui.

Passer à l'action,

Une étape tellement importante, mais qui parfois paralyse. Passer à l'action c'est faire, oui mais faire quoi ?

Concernant mon travail. C'est une question qui m'est souvent revenue. Pourquoi je ne trouvais pas de réponses, alors que je savais que je ne voulais plus être infirmière.

Je venais de terminer mon coaching en ligne avec David Laroche. Mes idées étaient plus claires. Et pourtant, j'avais identifié trois facteurs qui me paralysaient : <u>la peur</u> du nouveau, la peur de l'inconnu, la peur de l'échec, j'avais peur de réussir.

<u>La dispersion</u>, je savais en grandes lettres ce que je voulais faire, mais c'était vaste :

Je voulais être à l'écoute des autres, les aider, les guider.

Je voulais leur dire que c'était possible d'y arriver même quand on y croit plus, je faisais référence à mon histoire.

Je voulais faire passer le message que les mots blessent, que la critique, la malveillance est douloureuse pour nous adultes et aussi pour les enfants, les adolescents.

Tout ce que je voulais faire avait un lien avec le contact, la communication.

La procrastination, je remettais systématiquement à demain ou à plus tard, je me disais : j'ai le temps. C'est important que je réfléchisse avant de prendre une décision. Toutes les excuses étaient pour moi valables. Et les jours passaient, défilaient et je n'avais toujours pas pris de décision.

L'objectif final était : je trouve ma nouvelle voie professionnelle dans le domaine de la communication.

J'ai noté tout ce qui me passait par la tête comme un brainstorming (souvenir de mes études de cadre infirmière).

J'ai repris l'idée de David Laroche, l'idée des petits pas. Chaque idée devenait une action, une étape à la fois. J'ai posé une action par jour qui me permettait en fin de journée d'être fière de moi.

Je regarde le sol pour voir mes pas avancer vers la réussite.

Rita

6ème

Espace

Je précise mes objectifs.

CHAPITRE 11

Quels sont mes objectifs.

- Mes objectifs de vie.

- Mes objectifs professionnels.

Mes objectifs de vie.

Mes objectifs de vie étaient simples dans l'ensemble, mais tellement proches de ce qui me faisait vibrer. Je voulais une bonne santé pour moi et mes proches. Continuer à aimer et être aimée comme je l'étais. Je voulais continuer à m'épanouir. Vivre dans une maison que nous avions choisie. Avoir l'occasion de partir en vacances. Habiter dans quelques années à Sanary sur Mer dans le Var.

Je n'avais pas pour le moment la nécessité d'être vraiment précise. J'étais dans une période où je me sentais mieux. Je vivais chaque jour pleinement, je savourais la présence de Vincent, des enfants. Cette possibilité d'aller rendre visite à mes parents quand j'en avais envie, quand mon cœur me le disait. Après plusieurs années, je savourais pleinement le calme du matin pour conduire les enfants à l'école et surtout cette belle opportunité de ne pas les laisser tous les soirs jusque-là fermeture de la garderie.

J'avais plus de contact avec des parents et nous organisions de plus en plus d'activités avec nos enfants. J'aimais voir leur sourire, entendre leur merci.

Mes objectifs professionnels.

J'avais décidé de porter mon attention sur ma vie professionnelle. Je voulais être active. Mais je ne savais pas par où commencer. J'étais envahie par la peur de revivre des émotions négatives si fortes. J'avais une angoisse, je ne savais plus où me situer, dans quel contexte, par rapport à quoi !!!!

Comment je devais me présenter, est-ce que j'allais être obligée de raconter mon dernier vécu professionnel ?

Toutes ces questions était la raison pour laquelle je reportais toujours cette étape de chercher ou de trouver du travail. J'avais perdu cette assurance, cette détermination professionnelle.

J'avais perdu confiance en moi. C'était peut-être une étape importante, me redonner de l'assurance, oser aller vers l'inconnu (cela me surprend d'utiliser le terme inconnu) et pourtant c'était bien mon ressenti.

Il fallait que j'essaie. Je voulais tester, me tester ???

J'ai répondu à une annonce pour être infirmière cadre dans une maison de repos pas très loin de chez moi, proche de l'école des enfants. J'envoie un CV et une lettre de motivation. Deux jours plus tard, je reçois un appel d'un directeur qui me demande de lui envoyer à nouveau le CV avec une photo, appel très bref, même très très bref. À ce moment, j'ai déjà envie d'arrêter. Mais je continue, je choisis ma dernière photo en date, prise en vacances, souriante. Suite à cela, je reçois un appel froid, désagréable, « je vous demande une photo actuelle pas d'il y a 10 ans ». J'ai ressenti de la colère, de la tristesse, une déception, non par rapport à sa remarque. Mais surtout par cette froideur, ce manque d'intérêt pour qui j'étais pour cette profession considérée à caractère humain.

Oui peut être, je généralise, je porte un jugement hâtif. Chaque remarque, chaque étape me déçoit, j'ai cette impression de reculer comme la comptine : un pas en avant, deux pas en arrière, un pas sur le côté...

Voilà ce que je dois faire, un pas sur le côté pour porter un regard différent pour peut-être trouver autre chose.

Je laisse cette mésaventure bien loin derrière moi. Et pourtant un message revient dans cesse depuis le début. Je le redis, je le relis, je le réécris, je le sais et je le sens au fond de moi de plus en plus fort.

Je ne veux plus être infirmière, mais mes anciennes croyances me ramènent toujours à cette idée : personne ne va m'engager, sur base de quoi ?

Je sais que je veux travailler dans le domaine de la communication. Je sais que je peux trouver. Je suis persuadée que je vais trouver. Je prends une pause, pendant un long weekend, je ne pense à rien, ou plutôt si, je pense à moi.

À cet amour que je reçois, que je donne, à toutes ces valeurs qui m'animent, auxquelles j'ai envie de croire encore. Je sais que j'ai perdu confiance, peut-être en moi, peut-être au sens que je donne à certaines valeurs humaines. Mais je sais qu'au fond de moi, il y a une étincelle.

Depuis deux ans, j'ai traversé ce que j'appelais l'insurmontable. Et je me suis découverte métamorphosée, pleine de vie, de vitalité de joie de vivre.

Je continue avec mes habitudes qui m'ont permis d'être là aujourd'hui.

Je me lève tôt, je commence par une relaxation ou une méditation, je lis ou j'écoute des livres audio.

Nous sommes en avril 2014, je décide de lancer une recherche sur la confiance en soi.

J'en avais déjà entendu parler par différents auteurs.

Ce que j'ai retenu était surtout que la confiance en soi n'est pas une qualité ou une valeur acquise à la naissance, qui se transmet de génération en génération, qu'on a ou qu'on a pas. La confiance en soi, nous la créons au travers de nos expériences, de nos croyances. Donc je décide de créer ou de retrouver cette confiance qui me manque pour le moment. Pour me diriger vers un renouveau professionnel.

Un matin je lançais une vidéo toujours sur le même thème, la confiance en soi.

La première en haut de la liste est :

« Paul Pyronnet et David Laroche en conférence live »

J'étais intéressée par l'écoute d'une conférence, sur la première image je lis :

Conférence PNL et confiance en soi.

Je n'avais jamais entendu parler de PNL. J'ai visionné cette vidéo de 52 minutes plusieurs fois. Chaque notion m'interpellait, je n'entendais que des termes qui pour moi correspondait à ma vie, à la vie. Non pas, vie statique, mais la vie en mouvement, le vécu de chaque jour. Je continuais à prendre des notes. Les notions de ressentis, d'émotions, de valeurs, d'interprétations...

Le vécu de ma vie refait surface, moi qui donnais un sens à mes actions ou mes réactions. Je les jugeais justes ou pas justes, bonnes ou mauvaises. Je leur donnais une interprétation, une vérité liées à ce que j'ai entendu, ce que j'ai vécu, ce que je me suis répété et que d'autres m'ont répété encore et encore.

Pendant de longues années, j'étais persuadée que tout m'était destiné, que je n'avais pas d'autres choix que de vivre et d'accepter toutes les situations heureuses ou très difficiles.

Et après avoir écouté encore et encore cette vidéo, après avoir lancé une autre recherche pour comprendre les bases de la PNL, je me suis arrêtée sur quelques mots et ils ont commencé à résonner en moi

Le changement.

Programmation.

Apprentissage.

Habitudes.

Communication.

Évolution.

Je trouve sur internet des vidéos gratuites de cours de PNL. J'ai passé des journées complètes à écouter, écrire, réfléchir à comment l'intégrer dans ma vie.

J'ai pris la décision de la diriger vers ma vie professionnelle ou plutôt de diriger ma vie professionnelle vers des formations de PNL. Je me suis renseignée, il y a une école de Paul Pyronnet à Paris.

7ème

Espace

Ma vie change.

CHAPITRE 12

Je choisis ma formation.

- Une formation en PNL.

- Que représente la PNL pour moi.

- Une école, des formateurs, des coachs.

Une formation en PNL.

Ce nouvel apprentissage, était presque devenu obsessionnel. Je lisais, j'écoutais encore et encore. C'était devenu pour moi un vrai moteur de motivation. J'aimais cette idée d'apprendre, de découvrir, de rencontrer de nouvelles personnes et de partager ensemble un même objectif, j'ai parfois envie de dire un même idéal.

Que représente pour moi la PNL ?

Les premiers mots que je retenais : « c'est un outil de travail d'efficacité personnelle et de communication ». Cette première phrase résonnait déjà en moi : j'avais pris conscience de ce malaise ou de cette douleur que je ressentais lorsque des mots étaient douloureux, poignants, adressé sans tenir compte de l'impact sur moi-même et sur l'autre, et parfois sans raison ou sans but précis que celui de toucher l'autre et de le blesser volontairement ou pas, consciemment ou pas.

Bien souvent, je restais figé, impuissante. Je ne concevais pas, j'acceptais très difficilement cette férocité verbale.

Pourquoi certaines personnes avaient elles ce besoin de blesser, de rabaisser, d'humilier, de crier, de se positionner en leader écrasant, sans être à l'écoute de l'autre, sans tenir compte de l'autre. Simplement en étant persuadée qu'elles ont raison point c'est tout.

Comme je vous l'ai écrit plus haut, j'étais une introvertie de la communication, je ne me donnais pas le droit de réagir, mais je refusais de réagir de la même façon, en étant blessante pour l'autre.

Je me suis soudain souvenue d'une phrase que j'avais entendue lors d'une dispute « oui, je l'ai peut-être blessée, mais elle va vite oublier ! » Comment en être sûre que cette blessure est banale, qu'elle sera vite oubliée ?

Je savais qu'il pouvait y avoir une autre façon. Et je savais au fond de moi que j'allais trouver par l'intermédiaire de cette formation des réponses, des pistes et pourquoi pas une vérité pour moi-même.

Qu'ai-je retenu de la définition donnée par Paul Pyronnet (définition de la vidéo : les cours gratuits PNL 1 sur 20)

P : Programmation.

Notion d'apprentissage en continue. Tout ce que ne nous connaissions pas : lire, écrire, conduire...tout est passé par une période d'apprentissage, on s'est créé des habitudes. Notre cerveau s'est programmé à faire ce que nous avons entendu à répétition.

N : Neuro.

Parce qu'on s'intéresse au système neurologique. Lié au cerveau, au système nerveux, nous allons mieux comprendre son fonctionnement.

La PNL va aller identifier ce qui se passe et nous aurons la possibilité d'apporter une modification à nos objectifs, nos émotions, nos acquis. Nous allons devenir des créateurs.

L : Linguistique.

Parce que c'est directement relié au langage qu'on utilise pour communiquer. Quand une personne communique, quand elle réagit à une situation, cette réaction dépend à l'interprétation qu'elle donne à cette situation, aux différentes émotions qui se sont créent en elle face à cette situation.

Je comprenais donc que la douleur et l'émotion de colère que je ressentais face à ce que j'appelais la violence verbale, m'était propre, elle était liée à mon histoire personnelle. J'allais pouvoir comprendre et peut être y amener un réconfort ou peut-être une solution pour moi-même. Et non seulement dans ce domaine, mais dans bien d'autres domaines dans ma vie.

Je me voyais soudain sur un cheval qui représentait ma vie ; je tenais les rênes, je l'arrêtais là où ça faisait mal, face à une situation que je ne voulais plus vivre ou revivre. Et j'allais pouvoir lui donner une nouvelle direction, je déciderais d'avancer au pas, au trot ou au galop vers des nouvelles perspectives de vie.

Je pris très vite contact avec le secrétariat de l'école de Paul Pyronnet. J'étais satisfaite de ma démarche. Je notais les informations diverses qui m'avaient été communiquée. Je ressentais un bien être, un calme intérieur, j'avais déjà cette impression d'y être. Après quelques heures, je pris conscience que j'allais m'éloigner de ma famille pour quelques jours. Ce n'était pas l'éloignement qui me posait problème mais comment j'allais m'organiser pour les enfants, les conduire à l'école... J'envisageais certaines possibilités mais toutes les réponses m'amenaient vers un refus, un échec. Pourtant j'étais bien décidée à aller jusqu'au bout de mon idée.

Une école, des formateurs, des coachs.

Pendant toute la journée, j'étais envahie, par ce va et vient incessant de pensées qui me rapprochaient ou m'éloignaient de mon idée d'aller suivre des cours à Paris. Les comment, les pourquoi, les peut-être ???

Je voulais en parler à mes parents, leur proposer de passer quelques jours chez moi et prendre la relève pour les enfants. Mais j'imaginais déjà leur réponse : « tu as déjà un diplôme, qu'est-ce que tu as besoin d'encore suivre des cours. Et tes enfants, tu as pensé à tes enfants, qui va les conduire à l'école ? Qui va s'occuper de la maison ?

Evidemment pour eux, j'étais avant tout une femme au foyer, une mère de famille, qui n'avait pas à se soustraire à ses responsabilités. C'est une vérité qui fait partie de leur histoire.

Quelle journée !

Je pris conscience qu'un seul élément pouvait déclencher une avalanche de pensées, d'affirmations négatives, alors que l'idée de point de départ est une opportunité bien plus intéressante pour moi. Je n'arrivais plus à me concentrer pour trouver une solution, ou même une nouvelle piste.

Je laissais tomber tout ce « remue-ménage » intérieur.

C'était un mercredi, je suis allée chercher les enfants et go direction piscine. Quelle super solution, une vraie barrière, je n'ai pensé qu'à Romain, son copain et moi. Le soir venu, je partage l'histoire de ma journée avec Vincent ; et là je m'entends dire simplement :

« Il y a peut-être une école en Belgique ». Je n'y avais pas pensé. Une fois encore, je prenais conscience que pendant quelques heures, je m'étais enfermée dans ces vérités toutes faites, toutes construites. Je n'avais pas pris le temps de prendre du recul.

Je pris la décision de lancer la recherche :

« École PNL Belgique », la liste était longue.
Comment choisir ? En fonction de quoi ? Je refusais
de recommencer ce questionnement du comment et du
pourquoi ?

Avant de m'endormir, j'avais cette sensation que
j'allais faire le bon choix pour moi, qu'il ne m'était pas
nécessaire de trier en fonction de tel ou tel critère de
distance, de temps, de prix, de formateurs...

Je me suis endormie avec la certitude que le lendemain,
mon choix allait être celui qui me conviendrait.

Au réveil, il y avait une réelle excitation, je voulais déjà
avoir le nom, le numéro de téléphone, et de m'entendre
dire : « oui, il y a de la place ». Je pris la décision de
rester calme et surtout zen avec les enfants.

Ce matin- là, ils m'ont trouvé un peu fofolle, comme ils
disent, car je chantais, je riais, je leurs faisais plus de
câlins qu'à l'ordinaire (pour un matin).

Mon grand de 16 ans m'a demandé : « t'es sûre que ça va, cela fait longtemps que je ne t'ai pas vue comme ça ». Je l'ai rassuré et je lui ai promis qu'il serait vite au courant de ma décision.

Me voilà face à cette longue liste, je choisis les dix premiers et dans ces dix, je voulais déjà faire un tri en fonction de leur présentation.

Je laissais choisir mon cœur. J'en ai retenu deux, en fonction du titre simple, court et avec des mots qui m'ont touché.

Ressources pour le premier.

Et

Humaniste pour le deuxième.

Je me suis laissée tentée par Humaniste, j'aimais ce mot, après ma dernière conscience professionnelle, j'avais besoin de rencontrer des personnes que je qualifiais d'humaines.

Je préparais le téléphone, mes notes avec les questions à poser, je me suis assise. Je ne sais pourquoi, je ressentais un léger stress. Je n'avais rien préparé, je voulais laisser parler mon cœur. Tout s'est enchaîné très vite.

Au bout de quelques échanges, je m'entends dire :

« Vous êtes à la bonne adresse Rita »

J'en étais persuadée, comme si une petite voix intérieure me le confirmait. J'allais suivre une formation en trois modules, pour une durée de 18 mois.

Me voilà inscrite à la formation de PNL Humaniste®

à Sart Dames les Avelines en Belgique.

Je me sentais légère, je voulais crier, l'annoncer à tous. Le rituel administratif n'était que banalité.

Cette étape a définitivement tourné la page de mon métier d'infirmière.

www.horizonsdevie.com

8ème

Espace

Ma nouvelle vie prend forme.

Chapitre 13

Comme un puzzle.

- Chaque partie prend sa place.
- Il me manque une pièce.
- Je fais du « sur place ».

Comme un puzzle, chaque partie prend sa place.
Ma nouvelle vie, mes nouvelles habitudes, mes
nouveaux apprentissages. J'aime avancer sur cette
nouvelle route. Il est tellement excitant de me dire à 51
ans que tout change, tout bouge autour de moi. Moi
qui croyais, il y a trois ans que tout était déjà écrit, que
je n'avais qu'à suivre simplement ce que j'avais déjà mis
en place : mon diplôme, ma carrière, ma vie de femme au
foyer, ma vie de femme amoureuse.
Je ne pensais pas le dire un jour,
Grâce à mon licenciement,
Mais aussi grâce à mon amour de la vie.
À une détermination d'avancer, d'aller mieux, de me
sentir bien dans ma peau, malgré toutes ces difficultés
rencontrées.
J'ai découvert des outils qui ont bouleversé ma vie.
Depuis plus de deux ans, je jongle entre mes pensées,
mes affirmations, je m'amuse à écrire, à demander, à
visualiser ce que j'ai envie de vivre.

Je passe du temps à prendre soin de moi ou plus précisément de mon être intérieur.

Certaines personnes ont besoin de faire du sport presque chaque jour, d'autres de lire, d'autres de cuisiner. Nous avons chacun des plaisirs parfois des addictions.

J'ai choisi de consacrer chaque jour un temps pour continuer mon apprentissage. Je choisis de vivre des expériences qui me guident, me dirigent ou me permettent de vivre la vie que j'ai envie de vivre pleinement.

Ma vie est devenue comme un puzzle, j'ai des tas de pièces (mes nouveaux outils) et lorsque je les rassemble, ils construisent ma nouvelle route. Cette route qui pendant des années était impraticable, parce que je n'arrêtais pas de me dire et surtout d'être persuadée, que ce n'était pas possible pour moi.

Je me suis construit un rituel, une phrase qui me correspond et je la lis parfois je la recopie. Je sais qu'elle me recentre.

Chaque situation désagréable est une occasion à grandir, et célébrer.

J'avance chaque jour :
POUR la paix et non CONTRE la guerre
POUR la guérison et non CONTRE la maladie.

J'utilise mes ancrages positifs du passé pour construire mon futur.

Je me recentre de plus en plus rapidement vers un état de bien être (en utilisant les outils que j'ai appris).

Je veux être inspirante pour les personnes qui m'entourent, car je sais qu'elles le seront peut-être à leur tour.

Je sais que je peux encore m'améliorer, je suis réceptive à toute opportunité.

Depuis que j'ai choisi ma nouvelle formation de PNL Humaniste, je me sens de plus en plus ancrée dans mon désir.

De plus en plus je me sens vivre.

J'aime apprendre, j'aime avancer.

J'ai rencontré des personnes extraordinaires,

Des formateurs, des experts, des artistes de ma vie,

Ils m'aident à mettre plus de couleurs vives dans mon existence. J'aime y aller le cœur ouvert plein d'envie, je chante, je ris dès le matin. Je reviens le cœur rempli d'amour. Je lis et je relis mes cours, j'aime le contenu.

J'aime nos partages, nos rencontres.

Le terme « être » prend une autre dimension, dans ma vie de maman, ma vie de femme.

Même si les aléas de la vie sont parfois chaotiques, certains parcours plus difficiles, certaines nouvelles plus inconfortables, même si parfois, je suis confrontée à des nouvelles qui me chagrinent. Je suis à l'écoute de mon corps. Parfois je m'arrête, mais jamais je ne baisse les bras.

Il me manque une pièce.

Les circonstances de la vie, nous éloignent parfois d'un parcours tout tracé mentalement, ou concrètement.

Il manque cette petite pièce pour finaliser un projet parfois bien ficelé.

À la fin des deux premiers modules de formations PNL, j'étais emballée, même excitée à l'idée de finaliser par ma certification de coach.

Mais voilà certaines circonstances, financières et l'état de santé de mon fils ont pris le dessus.

J'ai arrêté ma formation, j'ai placé mes priorités sur ce qui semblait important à ce moment-là.

Au début, j'ai été très impliquée pour répondre aux besoins de mon fils hospitalisé en clinique universitaire. Et ce nouveau travail de secrétaire médicale qui me mène à sillonner toute la Wallonie. Je travaille sur un nouveau programme auprès des rhumatologues.

J'y trouve une reconnaissance professionnelle et humaine que j'avais perdue dans le cadre de mon poste d'infirmière.

Du mois de mai au mois d'octobre 2015, période où mon fils a été hospitalisé.

J'avais l'impression d'être une femme et une mère tourbillon, je jonglais entre mes besoins et les besoins de chacun. J'étais soutenue, épaulée par Vincent, les enfants, mes parents, mon entourage. J'ai pris conscience encore plus de cette richesse que m'offre la vie, de l'amour qui nous unit et qui me donne une force d'avancer quand le plus important semble nous abandonner. Petit à petit, je prenais conscience de cette belle opportunité que j'avais volontairement mise sur le côté, devenir coach certifié et en faire un nouveau métier.

C'était cette pièce manquante pour mon nouveau départ, celui que j'avais tant besoin pour combler ma croyance : il me faut un diplôme, un « bout de papier » pour que je sois reconnue et presque crédible.

La vie a mis sur ma route un, même deux obstacles.

Pourtant, je reste persuadée au fond de moi que j'ai un message à faire passer.

Je fais du « surplace ».

Depuis ces deux épreuves, j'ai toujours continué mes nouvelles habitudes de vie, cela me permet de prendre du temps pour moi, de me ressourcer. Les relaxations ou les méditations m'apaisent de mes journées parfois riches en émotions inconfortables.

Je lis ou j'écoute des livres ou des livres audio. J'aime revenir sur les quatre accords toltèques de Don Miguel Ruiz.

Je relis régulièrement mes cours de PNL. Je prépare des fiches de travail, j'utilise des couleurs, des images. Certaines habitudes se sont installées, et je n'ai plus à y prêter attention. Je suis attentive à mes pensées.

Je suis de plus en plus consciente de l'impact des mots, du vocabulaire utilisé, du ton de voix, de l'attitude du corps.

Mon nouvel emploi me plaît, mais il ne me fait pas vibrer.

Je le considère comme un travail alimentaire. J'y trouve du plaisir, car il me permet de voyager, il me donne une certaine liberté. Je découvre de nouveaux endroits. Je passe beaucoup de temps en voiture, j'aime apprécier cette nature parfois sauvage, parfois bien conçue par les hommes. J'aime travailler au pied de la Citadelle de Namur, traverser les villages autour de Waremme. Et lorsque je reste à Bruxelles, j'apprécie de rentrer plus tôt. J'aime mon engagement dans cet emploi, je me sens accueillie, attendue.

Mais au fond de moi, je sais que ce n'est pas définitif. Je sens que ma mission de vie est ailleurs.

Je veux transmettre mes connaissances sur le changement, sur cette possibilité de changement que nous pouvons peut-être vivre si nous le désirons.

Et si nous ne voulons pas changer, si notre façon de vivre nous convient, nous savons que si nous le décidons un jour, c'est à notre portée.

Mais comment puis-je faire pour atteindre mon objectif, pour me sentir épanouie, pour me dire : waouh.

J'avais déjà mis en place des ateliers coaching sur des thèmes bien précis : la pensée positive, une meilleure communication au quotidien. Et cela me faisait vibrer de bonheur. Et c'est en étant cette nouvelle moi, que je me sentais épanouie, j'étais pétillante de joie et de bonheur.

Certaines personnes que j'avais déjà reçu pendant mes ateliers avaient donné un autre sens ou un autre départ dans leur vie.

Je vous partage certains témoignages. Des témoignages reçus après des ateliers ou simplement en étant moi avec mes proches. Ces témoignages m'ont conforté dans mon choix.

Témoignage de Marie,

« Le changement ressenti après avoir quitté ma zone de confort, la liberté, la sérénité et surtout l'envie de construire une autre vie sur des valeurs complétement différentes : la spiritualité : aller vers de belles personnes, manger différemment, travailler avec sérénité et plaisir. Découvrir un autre univers et me découvrir. Moi, mon être, la personne que je suis réellement, m'aimer, aimer les autres. J'ignorais que l'on pouvait s'aimer autant et se découvrir telle que nous sommes, une belle personne qui mérite l'Amour, le bonheur et le partager ».

Témoignage de Corinne,

« J'ai décidé de m'aimer davantage pour attirer plus d'amour. Je me pose les questions sur les choses qui se répètent dans ma vie. Je choisis les mots avant de parler pour créer ma vie et croire en l'abondance. J'apprends à lâcher prise sur la peur de ne pas y arriver financièrement. Je me cristallise sur ce que je veux et non ce que je ne veux pas. J'ai appris à remercier, à avoir de la gratitude. J'ai appris à vivre, à m'aimer et croire que le meilleur est toujours à ma porte. Merci ».

Témoignage de Pascale,

« J'ai mis des actions en place, que je ne faisais pas auparavant, je ne me donnais pas le droit. Mon livre des pépites m'a appris à reconnaître la joie que je ne voyais pas auparavant. Je suis moi et je vibre ma vie est une phrase qui me parle. ... Je vivais pour plaire aux autres et non pour moi. J'accepte à ne pas être parfaite, pas à pas, j'accepte mon corps et j'en prends soin... je me suis demandée ce que je voulais réellement.

J'ai appris à penser à moi afin que je rayonne et que les autres se sentent bien... »

Pour mon vécu, mon expérience, mes difficultés, je sais que la vie prend la couleur qu'on lui donne, en jouant avec les nuances de la joie, de l'amour, de l'acceptation de ce qui est.

Je prends conscience et j'ai confiance en cette force qui m'anime pour aller vers la solution qui me correspond.

Et la vie me le rend bien.

La nature est à l'image de notre propre vie.

Après la pluie, vient le beau temps.

Et quand la pluie se mélange aux rayons lumineux du soleil.

Nous sommes émerveillés par la beauté de l'arc en ciel.

J'ai repris mes habitudes, celles qui m'animent. Chaque jour : je lis, je médite, j'écris. Je reste sensibilisée et persuadée que mon expérience, mon vécu, que mon histoire n'est pas seulement là pour moi. J'ai appris à aimer chaque jour de ma vie.

J'ai appris à vivre pleinement chaque situation.

J'ai appris à mieux me connaître, à connaître la personne que je suis réellement.

Et non celle qui s'est construite pour faire plaisir aux autres. Je sais que leurs intentions étaient bonnes, empreintes peut être d'un sentiment de protection, d'aide, de soutien.

Je sais que tout ce qui m'arrive n'est pas seulement là pour me faire aimer la vie. J'ai vécu des moments difficiles, parfois que je croyais insurmontables.

Et à chaque fois, j'ai trouvé cette petite étincelle qui illuminait, qui éclaircissait des moments obscurs et me permettait de me relever et d'avancer, et surtout choisir là où j'ai envie d'aller. Chaque étape, chaque pas renforce mon état d'être. Il est temps pour moi de passer à l'action professionnellement.

Je choisis de sortir de ma zone de confort et de cette procrastination en me cachant derrière des excuses bien souvent liées à des vieilles croyances.

J'arrête de faire du « sur place ».

Chapitre 14

J'écoute mes intuitions.

- Je passe à l'action.
- Je construis ma niche.
- Je passe un message.

J'écoute mes intuitions.

Il est facile de dire je vais changer quelque chose dans ma vie. Parfois, il m'est facile d'identifier ce qui ne va pas, parfois, je ressens un état de malaise ou de mal être, sans vraiment pouvoir identifier la cause, l'origine ou le pourquoi, mais l'identifier est déjà très bien. Ce n'est que le début, que faire à partir de ce moment-là. Continuer à me plaindre, à regretter ou à en vouloir à presque tout le monde. Je sais aujourd'hui, que si je veux changer ce qui ne me convient pas ou plus (même si c'est une vieille habitude qui pendant des années me convenait).

J'en suis la seule à prendre la responsabilité de changer ou d'amener un changement dans ma vie. Il m'arrivait souvent d'associer ce qui n'allait pas, à une erreur dont une personne était la cause, ou une mauvaise compréhension de leur part ou de la mienne, et bien d'autres arguments. Et c'était bien souvent des excuses qui me confortaient dans cette peur d'aller vers un changement.

Même si cette peur du nouveau, de l'inconnu est encore présente, je me sens poussée à agir.

Des mots m'animent : émotions, réalité de vie, choisir. L'idée de reprendre certains livres que j'avais déjà lu. Je reprends les notes des ateliers que j'avais déjà présenté, j'ai repris plaisir à relire les appréciations des participants. Les journées passent et je me sens de plus en plus envahi par ce désir de cette belle vibration, par cet état de bien-être.

J'écoute mon intuition.

Je passe à l'action.

En janvier 2016 avec les bonnes résolutions de la nouvelle année, je reprenais certaines notes. Je me suis accordée plusieurs soirées à les relire.

Je m'étais fixé l'objectif de créer des ateliers sur des thèmes bien précis du développement personnel, en souhaitant impacter des personnes en vue d'un mieux-être ou d'un bien être personnel.

Je souhaitais plus que tout y faire passer mon authenticité, mes expériences, mes apprentissages. Mon objectif finalisé était clair :

« Pour le 31 mars 2016, j'anime un atelier sur un thème du développement personnel, j'impacte un minimum de 6 personnes que je fidélise. Je préserve un équilibre familial entre mes différents emplois du temps ».

Cet objectif est devenu une affirmation, je l'ai écrite, je l'ai répétée, je l'ai même mis en chanson dans la voiture (quand j'étais seule les jours de pluie...lol). Pendant mes relaxations, je me visualisais debout devant 6 personnes. Ravies de ce que je leur avais partagé.

J'ai utilisé d'autres outils comme le schéma heuristique, une méthode très efficace qui me permettait de collecter de l'information, des idées, des concepts et de les visualiser directement de façon logique avec des couleurs, des images que je choisissais. Et les idées arrivaient comme des intuitions ; le thème se précisait, jusqu'au moindre détail du matériel, des photos à partager.

Et je passe à l'action,

Je liste sur mon agenda toutes les actions que je peux mettre en place : je me renseigne, je téléphone, je lis, je prends des rendez-vous, j'en parle facilement autour de moi.

Et je laisse venir toutes les idées qui se rapporte à mon objectif. Il m'arrive de rencontrer des contrariétés (une imprimante qui tombe en panne), des refus (des dates qui ne conviennent pas, des salles indisponibles), des paroles malveillantes (par rapport à l'idée, au projet).

Je décide d'accepter ce qui est, je refais une marche arrière mentale et je cherche d'autres idées, des solutions. Quand une porte se ferme, j'en ouvre une autre.

Le 9 avril 2016, je présentais un atelier qui me correspondait :

« Je choisis les mots et les émotions qui créent ma réalité de vie ».

J'avais huit inscrits, et cinq personnes continuent à venir à d'autres ateliers que j'ai organisé sur d'autres thèmes. Mon objectif était atteint, j'en ai tiré un bel apprentissage supplémentaire.

J'identifiais les différents ingrédients nécessaires à la réussite et aussi les éléments perturbateurs.

Je construis ma niche.

Après avoir présenté plusieurs ateliers, après avoir partagé, échangé, et gardé un suivi avec certains participants. Et suite à ces retours, suite à ma propre expérience, je définissais une problématique qui nous limitait, ralentissait et parfois nous faisait abandonner une idée ou un objectif qui nous faisait croire ou espérer un changement possible.

Petit à petit, je mets en place une pratique qui répond aux résultats que je souhaite atteindre pour moi et les participants aux ateliers.

Je me suis posé la question : pourquoi nous nous éloignons de notre objectif, de notre désir, de notre engagement.

Cette problématique est que chaque jour, nous pouvons être confronté à des *événements porteurs* ou saboteurs :

-des situations imprévues :

Une panne de voiture, une facture inattendue, une grève de transport en commun...

Un compliment, un merci, un sourire, des nouvelles d'un ami, un remboursement, un café partagé...

-parfois à des relations :

Nous sommes entourés des personnes dites « toxiques », les jugements, les critiques, les colères, les disputes qui nous atteignent, nous blessent émotionnellement.

Des personnes qui nous aiment d'un amour inconditionnel, des personnes qui nous écoutent, des personnes qui sont contentes de passer du temps avec nous, des personnes qui nous inspirent.

-parfois notre vécu :

Notre histoire, c'est elle qui est à l'origine de ce que nous sommes aujourd'hui. Dans notre histoire, il y a nos expériences, nos souvenirs, nos croyances.

Comment rester aligné vers la réussite ?

Comment continuer à croire à un changement possible ?

Comment faire face aux aléas de la vie ?

Qui viennent chaque jour nous titiller, parfois nous mettre à l'épreuve. Il n'est pas toujours facile de rester aligné et centré sur notre état de bien être avec toutes ces épreuves.

Et il arrive souvent qu'après une semaine, même un jour, on se dit « ce n'est pas possible !!!!! », « je n'y arrive pas », et c'est l'abandon.

On retourne à nos habitudes, on reste dans notre zone de confort peut être avec un regret.

Et parfois une nouvelle affirmation négative qui vient rejoindre la longue liste déjà existante.

Depuis quelques mois, j'utilise ces outils qui me permettent de rester en accord avec mes nouveaux projets, mes rêves. Je reste en accord et aligné avec qui j'ai envie d'ÊTRE, dans une vibration de bienêtre, en harmonie avec moi-même du matin au soir.

Quels sont les outils que j'utilise au quotidien ?

1) J'ai remarqué que certains outils comme les pensées positives (rediriger mes pensées étaient devenu automatique ou plutôt inconsciemment). Je prends conscience de ce flot de pensées et je leur donne un sens automatiquement.

2) Il en était de même pour mes affirmations, je prends plaisir à exprimer mon bien être, je continue à préparer des phrases courtes positives qui commencent par « je » et je les répète en me brossant les dents, en prenant ma douche... à chaque moment de la journée, dès qu'une occasion se présente. Je répète mes affirmations quand je suis seule.

Il y a toujours une feuille de couleur dans ma voiture avec l'affirmation suivante :

« J'attire à moi le succès et la réussite, l'argent coule en abondance dans ma vie. Merci à l'Univers de guider chacun de mes pas ». Phrase d'Anthony Robbins (Coach Auteur et Conférencier américain)

Dès que je vois cette feuille, je me répète cette phrase.

3) Je voulais chaque soir avant de m'endormir, terminer ma journée en me sentant détendue, sereine. Je ressentais de la gratitude face à toutes les situations, même celles qui n'étaient pas toujours agréable à vivre. Elle donnait une autre direction à ma vie. Je voulais trouver une issue, une autre façon de m'y prendre. Ma façon à moi, je dirigeais mes pensées, mes réflexions, mes actions vers des solutions possibles jusqu'au moment où la possibilité de réussir me correspondait.

Je gagnais de plus en plus confiance en moi

4) Je continuais chaque jour mon apprentissage : je lisais, j'écoutais des vidéos, je participais à des ateliers soit virtuels ou ceux organisés dans mon entourage.

Il y a un livre qui fait partie de ma bibliothèque de base : les 4 accords toltèques de Don Miguel Ruiz. J'ai transformé ces accords en une philosophie de vie. J'ai recopié ces accords, je les ai appliqués en affirmations personnelles, et pendant longtemps, ils ont été affichés dans la cuisine ou sur la porte du frigo. Ils font partie de moi. J'aime les partager, les enseigner.

5) Je suis attentive aux différentes émotions que je ressens : de la colère à l'amour. J'identifie ces émotions, je leur donne une place importante dans ma vie, elles sont mes indicateurs de bien-être, de mal être ou de mieux être. Je donne de l'espace à ces émotions pour mieux les libérer.

6) J'utilise le plus possible, les principes de la communication non violente (CNV), j'ai suivi des formations et j'ai lu plusieurs livres sur le sujet.

Je vous partage, le dessin que je propose pour expliquer ce principe lors des ateliers que j'anime.

Le bonhomme « O S B D »

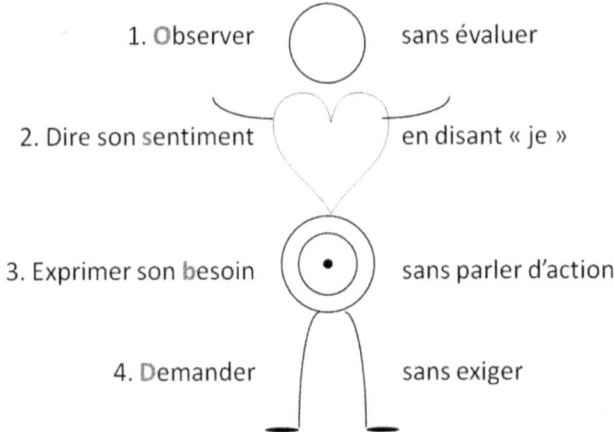

1. Observer — sans évaluer

2. Dire son sentiment — en disant « je »

3. Exprimer son besoin — sans parler d'action

4. Demander — sans exiger

Il m'arrive parfois de préparer une rencontre en suivant ce principe. Lorsque je ressens une contrariété, ou même avant un entretien avec une personne importante pour moi ou pour une visite chez un banquier, une rencontre avec un employeur, une réunion de parents...

Identifier une émotion parfois confortable ou pas, exprimer mon besoin du moment, me permet de me sentir mieux, d'être satisfaite de ma démarche, même si le résultat n'est pas exactement ce que j'espérais.

Il est vrai qu'au début, je prenais le temps de mettre en place tous ces outils que j'utilise presque chaque jour. Je dis presque, parce que je ne me pose plus la question, si oui ou non je les utilise. Ils sont devenus une habitude de vie. Parfois, face à une situation plus complexe, je prends quelques instants et j'identifie la solution que je veux vivre.

Je ne m'arrête pas sur « le problème » de toute façon, il est là, en y pensant, en y mettant mon attention, je vais ou me sentir mal, ou le vivre plus mal, ou ne pas me centrer sur sa solution, ou ne pas voir une solution qui parfois est déjà là.

Lors des ateliers que j'anime, je propose ces différents outils et bien d'autres encore. Et je laisse libre cours ou plutôt libre choix à chacun d'utiliser celui qui lui convient.
Celui qui convient au moment présent.

J'aime cette phrase :

J'accepte ce qui est au moment présent, car tout est cadeau. C'est pour cela qu'on l'appelle : présent.

Je passe un message.

Ce livre est un message de vie.

Je l'ai écrit avec passion, amour et authenticité.

Il s'adresse à vous tous, hommes, femmes, adolescents et jeunes adultes. Si vous en prenez la décision, votre vie peut changer, mais peut-être vous vous sentez bien, et vous êtes tentés d'essayer d'améliorer un point, alors pourquoi pas ?

J'ai compris que la plainte, la critique, remettre la faute sur l'autre, n'étaient que des excuses pour me confortait dans ma zone de confort, mais au fond pas si confortable que ça, je restais figé dans ma prison dorée.

Mon histoire peut aussi être la vôtre.

Je termine ce livre par le message de David Laroche qui m'a boosté :

« Si votre vie ne vous plaît pas alors changez-la.

Et ça commence maintenant ».

Remerciements.

Merci à mes proches, nos expériences de vie même si elles sont différentes, elles me rapprochent de vous davantage.

Merci à vous tous mes amis de la vie : Corinne & Martine, Cécile & Salvatore, Pascale & Massimo, Lisa & Yanni.

Mes belles rencontres : Delia, Audrey, Stefania, Ann-Christy, Malou, Leila, Isabelle, Christine & Franck …(je ne peux tous vous citer) je vous nomme car vous avez une place d'honneur dans mon cœur.

Merci à mes formateurs : Alain Losier & Marie-Luce Dossche (formation PNL humaniste) et toutes les personnes de ma formation.

Merci à David Laroche : mon guide, mon mentor.

Christine Lewicki, Franck Marcheix, Christophe Godfriaux, David le François, Marcelle Della Faille, Franck Nicolas, Lilou Macé, Sonia Choquette et tellement d'autres guides que j'ai découvert par leurs livres ou leurs vidéos.

Merci à tous et toutes ces personnes qui ont croisés mon chemin de vie, par une rencontre, un échange.

Merci à toutes les personnes qui me suivent par :

Ma page Facebook : Je suis moi et je vibre ma vie.

Mon site web : www.vibrer-votre-vie.com.

À bientôt sur mon prochain livre pour connaître plus de détails sur les outils qui vous permettront d'améliorer votre quotidien et être pleinement acteur de votre vie.

Bibliographie.

Livres

Comment donner vie à vos

rêves   Alain Losier

Changer pour le bonheur.   Alain Losier

Ce que vous devez savoir   Marie-Luce Dossche

pour attirer l'amour.

Itinéraire d'une mission de vie   Marie-Luce Dossche

J'arrête de râler.   Christine Lewicki

Wake up.   Christine Lewicki

Réfléchissez et devenez riche   Napoléon Hill

Accomplissez des miracles   Napoléon Hill

Transformez votre vie   Louise Hay

Réussir et après   Richard Branson

Bouillon de poulet pour l'âme   Jack Canfield

d'une mère

Père riche, père pauvre   Kiyosaki

Comment se faire des amis   Dale Carnegie

La PNL ou comment   Catherine Cudicio

communiquer

Le Courage d'être soi   Jacques Salomé

La méthode Coué en   Antoine Onis

pratique

Je résiste aux personnes   Christophe André & Muzo

toxiques

L'analyse transactionnelle   André de Lassus

Libération émotionnelle	Laure Zanella
Confiance en soi, amour de soi	Laure Zanella
Transformez votre vie	Laure Zanella

Livres audio
Les 4 accords toltèques	Don Miguel Ruiz
La clé pour vivre selon la loi de l'attraction	Jack Canfield
Demandez et vous recevez	
Dites oui à la prospérité	Abraham Hicks
Oui, je peux	Louise Hay
Le pouvoir de créer	Louise Hay
	Esther et Jerry Hicks

Vidéos et ateliers
La puissance de l'intention, Augmenter votre vibration. Montée en vibration. La révolution de l'esprit. Thérapie quantique. Créer votre vie...	Programme Tistrya
Conversation avec Dieu	Neal Donald Walsh
Ateliers séminaires sur l'attraction et l'abondance	Marcelle Della Faille

Ateliers : wake up call (plus de 150 vidéos)	
Libérez votre potentiel	David Laroche
Vidéos de neurosciences en coaching	David Le François
La capsule du Mardi	Franck Nicolas
Spark le show	
Yoga du rire	Ingrid Daschot (Ittre Belgique)
Brain Gym®	
Reiki	
Crayonnage en miroir	Cécile Charlier (Forest Belgique)
Physique Quantique et magnétisme	Franck Struyf
Apprendre à vivre	Frédéric Lenoir

J'ai appris que la vie est belle, même quand il fait gris.

Que je peux danser sous la pluie, même quand il pleut.

Que mon cœur vibre, même quand je suis triste.

Que je suis guidée, même quand je me sens perdue.

Que je suis rassurée, même quand j'ai peur.

Merci à l'amour, qui m'anime chaque jour.

Rita